liche Schäden und entfalten in manchen Bereichen sogar therapeutische Qualitäten. Zudem enthalten einige Öle bestimmte Inhaltsstoffe, die sie geradezu zu Medikamenten machen.

Naturheilmittel ohne chemische Zusätze

Kürbiskernöl ist ein wirksames Mittel gegen Blasen- und Prostatabeschwerden, und mit Olivenöl können Sie Gallensteinen zu Leibe rücken. Das Anwendungsspektrum für Öle in der Gesundheitsvorsorge und in der begleitenden Behandlung von Erkrankungen reicht von Altersdiabetes und Arteriosklerose über Bluthochdruck, Gallenblasen- und Leberfunktionsstörungen bis hin zu Verdauungsbeschwerden.

Immunschutz für die Zellen

Auch in der Krebsvorbeugung können pflanzliche Öle eine wichtige Rolle spielen, sofern sie auf Dauer anstelle und nicht zusätzlich zu tierischen Fetten verzehrt werden. Das hat zwei Gründe: Die mehrfach ungesättigten Fettsäuren, die in den meisten Ölen reichlich vorkommen, aktivieren die Zellatmung. Und Vitamin E, das sich in fast allen Ölen in größeren Mengen findet, bietet einen wirksamen Zellschutz vor freien Radikalen. Ist die Zellatmung gestört, besteht eine höhere Wahrscheinlichkeit, dass sich Tumore bilden. Die Anregung der Zellaktivität durch die vermehrte Zufuhr von pflanzlichen Ölen lässt das Krebsrisiko sinken.

Mit der Ölziehkur entschlacken

Eine Spezialform der gesundheitlichen Ölanwendungen ist die aus Russland bzw. dem indogermanischen Raum stammende Ölziehkur. Das alte Volksheilmittel hat in letzter Zeit als wirksame Methode zur Entgiftung und Entschlackung von sich reden gemacht. Wer Krankheiten vorbeugen oder ganz allgemein etwas für seine Gesundheit tun möchte, sollte sich diesem einfachen, täglich nur Minuten dauernden Reinigungsvorgang widmen.

Weniger bekannt ist, dass pflanzliche Öle auch als Brennmaterial, Schmiermittel, Grundstoff für Farben, Lacke, Firnisse und Kunstharze dienen. Und noch heutzutage wird der Ölkuchen, das Abfallprodukt der Ölherstellung, als Futter- und Düngemittel gebraucht.

Noch heute zeugen antike Mühlsteine von den Ursprüngen der Ölgewinnung.

Kleine Geschichte der Pflanzenöle

Der älteste versteinerte Abdruck eines Ölbaumblatts, das man in Mongardino bei Bologna (Italien) gefunden hat, wird auf eine Million Jahre datiert. Auch andere Pflanzen wie Sonnenblumen, Lein, Ölpalmen, Soja oder Sesam, aus denen Öl gewonnen werden kann, haben, entwicklungsgeschichtlich gesehen, bereits ein biblisches Alter erreicht.

Heilige Ölfrucht

Die ältesten Überlieferungen der Menschheit über Ölfrüchte finden sich im chinesischen Raum. Dort sollen schon vor mehr als 20 000 Jahren Sojabohnen bekannt gewesen sein. In alten Schriften der Chinesen, wie dem »Pen-Ts'ao ao-Kong-Mu« des Herrschers Shon-nung, wird der ölhaltige Samen der Sojasträucher bereits erwähnt. Eine uralte Legende erzählt von Räubern, die es in die Wüste verschlagen hat, und die dort nur überlebten, weil sie Sojasträucher entdeckten. Die fettreichen Bohnen der Gewächse waren ihre Rettung, und die Sojabohne gehörte fortan zu den »fünf heiligen Pflanzen«.

Der Kaiser von China säte die fünf heiligen Pflanzen Hirse, Gerste, Reis, Weizen und Soja jedes Jahr in einer rituellen Handlung aus.

Jahrtausendealte Ölgewinnung

Wann es erstmals gelang, aus den Früchten, Kernen, Bohnen oder Samen der Ölpflanzen Öl in Reinform zu gewinnen, ist nicht überliefert. Wahrscheinlich geschah dies schon vor mehr als 10 000 Jahren. Denn die ältesten Olivenölpressen, die im Ölmuseum von Haifa (Israel) ausgestellt sind, sind immerhin schon 7 000 Jahre alt und ähneln den noch um Jahrtausende älteren Steinölpressen. Eine steinzeitliche Ölpresse funktionierte ganz einfach. Ein großer Kalkstein wurde oben abgeflacht und mit einer Abflussrinne versehen. Dann legte man zer-

Sonnen-blumenkerne zählen zu den wert-vollen Öl-lieferanten.

Öle – eine gesunde Zutat für viele Speisen.

Vorwort

Öle sind ein Geschenk der Natur, in der griechischen Mythologie sogar ein Geschenk der Götter. Gemeint sind pflanzliche Öle wie das Olivenöl, das schon in antiker Zeit rund um das Mittelmeer äußerst begehrt war und Olivenhainbesitzern von damals prunkvolle Paläste, eigene Tempel und höchstes Ansehen bescherte. Auch andere Öle wie Sesam-, Soja- oder Mohnöl sind seit alters bekannt. Vor allem im asiatischen Raum hat die Kunst des Ölmachens der ätherischen Öle eine lange Tradition. Die berühmten Märchen aus dem Morgenland sind ohne kostbare Duftöle wie Rosenöl, Sandelholz- oder Weihrauchöl kaum vorstellbar.

Die Verwendungsmöglichkeiten der pflanzlichen Ölsaaten und der daraus gewonnenen Pflanzenöle sind vielfältig. Sie reichen vom Nahrungsmittel über Duft- und Aromaöle bis zu Pflege- und Heilmitteln.

Öle für das Wohlbefinden

Die ältesten Heilanwendungen von Ölen dürften Ölmassagen sein. Jeder, der seinem schmerzenden Rücken so eine Behandlung gönnt, wird merken, dass sich bis heute nichts an der wohltuenden, ja fast wundersamen Wirkung geändert hat.

Schon früh erkannte man, dass Öle, zumal, wenn sie über einen längeren Zeitraum regelmäßig konsumiert werden, das allgemeine Wohlbefinden steigern und eine ganze Reihe von Störungen lindern: Probleme mit der Verdauung und der Gallenblase sowie Beschwerden, die auf eine schlechte Durchblutung zurückzuführen sind wie kalte Gliedmaßen, Antriebsschwäche, Leistungsabfall, Gedächtnis- und Konzentrationsstörungen oder Herzbeschwerden.

Gesunde Fette und wertvolle Inhaltsstoffe

Ernährungswissenschaftler haben festgestellt, dass Fette aus pflanzlichen Ölen wesentlich gesünder für den menschlichen Organismus sind als tierische Fette, mit Ausnahme von Meeresfischen. Pflanzliche Fette ersparen uns viele, erst nach Jahren erkennbar werdende körper-

quetschte Oliven in einem Kranz von Blättern darauf und beschwerte alles mit möglichst vielen Steinen. Unten floss daraufhin das fertige Öl über die Abflussrinne ab. Eine Reihe solcher und ähnlicher Ungetüme aus vergangenen Zeiten lassen sich rund um das südöstliche Mittelmeer z. B. in Kreta, Israel oder Ägypten noch heute in Museen oder Ruinenstätten bestaunen.

Das Gold der Minoer

Fast 600 Jahre lang war die griechische Insel Kreta im südöstlichen Mittelmeer ein Zentrum der Macht und sagenhaften Wohlstands. Diese Blütezeit erlebte das Eiland von ca. 2000 bis 1450 v. Chr. unter der Herrschaft der minoischen Priesterkönige. Noch heute zeugen die Palastruinen von Knossos, in denen der Sage nach der stierköpfige Minotaurus in einem Labyrinth sein Unwesen trieb, von der Kraft dieser Kultur. Was einem bei einer Touristenführung durch die Ruinen vielleicht entgeht, sind die alten Olivenölpressen und ausladenden Öllager voller verzierter Tonkrüge, Kannen und anderer Gefäße. Diese mehr als 3500 Jahre alten Relikte dokumentieren, dass der Ölhandel den Reichtum Kretas begründete.

Im antiken Königspalast von Minos auf Kreta fand man vier Meter hohe Tongefäße, die zur Lagerung von Olivenöl dienten.

Exportschlager Olivenöl

Das Gold der Minoer war das Olivenöl. Fast die ganze Insel war zu jener Zeit mit Olivenhainen bedeckt, und die Ernte wurde zu besten Speiseölen, zu Duftölen, Ölen für rituelle Salbungen oder Heilölen mit Bienenwachs und Kräutern verarbeitet. Bis nach Ägypten segelten die minoischen Öllieferanten, um auch den Bedarf des Pharaonenstaates an den duftenden Essenzen und wohlschmeckenden Speisezutaten zu decken. Bis heute haben sich Tontafeln erhalten, die genaue Kunde davon geben, wer mit welchen Mengen Öl beliefert wurde. Für Historiker lesen sich die Listen aus dem Palast von Knossos fast wie ein »Who is Who« der minoischen Welt. Vom gottgleichen König bis zum einfachen Ölhändler ist dort jeder Empfänger verzeichnet. Auch entgeltlose Ölspenden an Heiligtümer oder Hohe Priester wurden genau notiert.

Oliven- oder Ölbäume können mit ihrem knorrigen Wuchs ein Alter von über 1000 Jahren erreichen. Sie haben vor allem die Dichter und Denker des antiken Griechenlands in ihren Werken immer wieder inspiriert.

Öl in der antiken Welt

In der gesamten antiken Welt war Öl, vorwiegend Olivenöl, ein sehr begehrtes Gut und wurde in den verschiedensten Darreichungsformen angeboten und gebraucht. Es war ein wichtiges Nahrungsmittel, wurde innerlich und äußerlich gegen eine Reihe von Beschwerden eingesetzt, diente der Haut- und Körperpflege und der Wundversorgung. Zudem war es von der Aura des Geheimnisvollen umgeben, was Duftöle zum unverzichtbaren Bestandteil mythisch-ritueller Handlungen machte.

Die Ägypter benutzten Olivenöl nicht nur als Nahrungs-, sondern auch als Heilmittel und zur Schönheitspflege. Zur kultischen Reinigung salbten sie ihr Haar, das Gesicht und die Füße mit Olivenöl.

Brennstoff und Konservierungsmittel

Daneben wurde das Öl aber auch zu profaneren Zwecken genutzt. Es war Brennstoff für die Öllampen, die die Paläste der Wohlhabenden erleuchteten. Es half beim Konservieren von Elfenbein und beim Gerben von Leder, machte die Farben der Maler streichfähiger und gehörte in jeden Brotteig. Die Bedeutung des Olivenöls zur damaligen Zeit zeigt sich an unserem Wort Öl, das von Olive abstammt (lateinisch »oleum«, griechisch »élaion« = Oliven(-öl).

Kostbare Grabbeigabe

Wie hoch Öle in vorchristlicher Zeit eingeschätzt wurden, zeigen die Grabbeigaben der altägyptischen Pharaonen. Für eine komfortable Reise ins Jenseits scheuten sie bekanntlich keinerlei Mittel und Mühen. Der Reichtum, der sich in Tutenchamuns (ca.1358–1339 v. Chr.) Grab im Tal der Könige fand, ist legendär. Weniger bekannt ist, dass seine Totenmaske von Ölbaumzweigen eingekränzt war, was den hohen Symbolwert, den diese Pflanze damals hatte, zum Ausdruck bringt.

Bügelkannen für Duftöle

In den Magazinkammern des Grabes Ramses III. (1184–1135 v. Chr.) fanden sich reihenweise Abbildungen von so genannten Bügelkannen. Die mittelgroßen, bauchigen und sehr kunstvoll verzierten Ölgefäße mit kleinen Haltebügeln waren für kostbare Duftöle bestimmt. Offensichtlich schienen sie für den Gottkönig derart bedeutsam gewesen zu sein, dass Abbildungen davon in seinem Mausoleum nicht fehlen durften. Immerhin ließ Ramses III. schon zu Lebzeiten einen Olivenhain von fast 3 000 Hektar als würdige Gabe für den Sonnengott Ra anpflanzen. Im »Papyrus-Harris I«, der amtlichen Schenkungsurkunde, heißt es: »Ich richtete dir Ölbaumpflanzungen in deiner Stadt Heliopolis ein, ausgestattet mit Gärtnern, mit vielen Leuten, die reines Öl herstellen.«

Göttin Athenes Wunderbaum

Sucht man die Wurzeln der europäischen Ölgewinnung, stößt man unweigerlich auf die Wurzeln europäischer Kultur. Die Geschichte Phöniziens, Palästinas, Kretas, Athens, Alexandrias und Roms ist untrennbar mit dem Olivenölhandel verbunden. Noch heute sind die meisten Mittelmeerländer, allen voran Italien, weltweit die wichtigsten Olivenölproduzenten.

In der griechischen Mythologie galt der Olivenbaum als Heiligtum der Göttin Pallas Athene. Denn Athene hatte mit Poseidon um die Vor-

Der Legende nach verbrannte Xerxes bei seiner Eroberung von Athen im Jahr 480 v. Chr. den Olivenbaum auf der Akropolis. Aber wie durch Zauberhand spross der Baum plötzlich wieder.

herrschaft in Attika einen Streit ausgetragen. Kekrops, der erste König Athens, sollte den Streit entscheiden und sprach sich für Athene aus. Sie hatte den Bürgern von Attika das nützlichste Geschenk bereitet: einen Olivenbaum. Poseidons Präsent hingegen erschien den Athenern weniger wert. Es war eine salzige Quelle.

Die Olive ist das christliche Sinnbild des Friedens und des Segens Gottes, weil eine Taube Noah einen Ölbaumzweig brachte und damit anzeigte, dass die Flut zurückging und er die Arche verlassen konnte.

Heilen mit Ölen im Altertum

Die sanfte Heilkraft, die in den pflanzlichen Ölen steckt, ist den Menschen seit Jahrtausenden bekannt. Die aus Indien stammende ayurvedische Heilkunde beispielsweise geht auf die vedischen Schriften zurück, deren früheste Verse mehr als 3000 Jahre alt sein dürften. Gemäß der ayurvedischen Lehre soll die Einnahme von Olivenöl bei allen Arten von Mangelerscheinungen helfen wie Rachitis, Nachtblindheit oder Schleimhauterkrankungen. Menschen mit Gallenblasenbeschwerden wird Olivenöl empfohlen, um die Gallensekretion zu verbessern. Und nicht zuletzt ist die Ölziehkur, die dem Körper bei seiner Entgiftungsarbeit hilft und den Abbau von krank machenden Schlacken erleichtert, sowohl ein Kind der altindischen als auch der altrussischen Heilkunde.

Gesalbt mit Ölen

Im europäischen Kulturkreis verdanken wir dem griechischen Dichter Homer, der im 8. Jahrhundert v. Chr. lebte, die ersten Hinweise auf die sanfte Heilkraft der Öle. In seinem Epos von den Reisen des Odysseus ist oft davon die Rede, wie Odysseus mit Ölen gesalbt wurde, um nach erlittenen Strapazen wieder verjüngt und verschönt zu werden.
Es war grundsätzlich Brauch im alten Griechenland, die Muskulatur mit Ölen geschmeidig zu machen oder bei Zerrungen, Schmerzen und Muskelkater durch eine Ölmassage wieder fit zu werden. So hatten beispielsweise die Athleten in den »Gymnasien« stets ein eigenes Ölbesteck parat, mit Fläschchen, Striegeln und einer kleinen Pfanne zum Auffangen des abtropfenden Öls. Vor und nach den Kämpfen rieben

sie sich kräftig ein und erhielten so ihre Leistungskraft. Als der Philosoph Demokritos (5. Jahrhundert v. Chr.) nach seinem Rezept für ein langes Leben gefragt wurde, antwortete er schlicht: »Innerlich Honig und äußerlich Öl«. Er soll über 100 Jahre alt geworden sein. Dass man in damaliger Zeit sogar versuchte, mit rituellen Ölanwendungen Lepra zu kurieren, geht aus dem dritten Buch Mose hervor. Inwieweit man gegen den Aussatz damit etwas ausrichtete, ist leider nicht überliefert. Es zeigt aber, wie hoch die Heilkraft der Öle in früheren Zeiten eingeschätzt wurde.

Sapo aus Öl und Asche

Der römische Geschichtsschreiber Plinius verwies im Jahr 77 n. Chr. auf einen Stoff namens »Sapo«, den die Gallier erfunden haben sollten. Sapo wurde aus Olivenöl und Asche hergestellt und war vermutlich die erste, auf pflanzlicher Basis gefertigte Seife der Welt. Mit der Ausbreitung des Römischen Reichs nach Norden gelangten Olivenöl und andere Pflanzenöle auch in den germanischen Raum. Bis dahin waren die aus den Tropen und Subtropen stammenden Ölpflanzen wie Olivenbäume, Sesampflanzen, Ölpalmen oder Sojasträucher in Nordeuropa unbekannt gewesen.

Von Theophilus bis Leonardo da Vinci

Im Jahre 1100 berichtete ein Mönch namens Theophilus erstmals über die Ölgewinnung in Deutschland. Er führte genauestens aus, wie man Öl aus Leinsamen herstellen kann, und schloss mit den Worten: »... lege es auf die Presse, mit der Oliven-, Nuss- oder Mohnöl gepresst wird«. Offensichtlich waren mittlerweile die verschiedensten Ölfrüchte und das Ölmachen auch in unseren Breiten wohl bekannt. Von da an mehren sich die historischen Quellen über die unterschiedlichen Techniken der Ölgewinnung und den Handel mit südeuropäischen Ländern, die die Rohstoffe oder gleich das fertige Öl lieferten. Man bearbeitete die Öl gebenden Pflanzenteile mit Handstampfen, Schlagvorrichtungen, Gewindepressen und später auch mit großen Mühlrädern,

Im griechischen Olympia wurden die Sieger sportlicher Wettkämpfe mit einem Kranz aus Olivenzweigen bekrönt. Dieser Brauch geht auf Herakles, den Gründer der Olympischen Spiele zurück, der dort einen Stab in die Erde stieß, aus der ein Olivenbaum erwuchs.

11

die von Pferden oder Ochsen gedreht wurden, um das »flüssige Gold« zu gewinnen. Gegen Ende des Mittelalters waren, wie beispielsweise aus den Annalen der Stadt Frankfurt hervorgeht, Ölmacher und Ölausträger auch in Deutschland nichts Ungewöhnliches mehr. Der berühmte Maler Leonardo da Vinci (Mona Lisa) hat sich im 15. Jahrhundert übrigens auch um die Erfindung einer effektiven Ölmühle bemüht. Er setzte auf Pferdestärken und meinte am Ende der Werkbeschreibung: »Ich verspreche dir, dass die Oliven damit so stark gepresst werden, dass sie gleichsam trocken zurückbleiben.«

Aus praktischen und wirtschaftlichen Gründen liegen die heutigen Industriemühlen an Seehäfen und Wasserwegen, wo das Saatgut in riesigen Silos lagert und sofort nach der Ölgewinnung in den Handel gelangt.

Der Weg zur modernen Ölmüllerei

Mit der Erfindung der modernen Schneckenpressen bzw. hydraulischen Ölpressen, deren erstes Exemplar 1819 auf der Industrieausstellung in Paris präsentiert wurde, war der Weg frei für eine industrielle Ölmüllerei. Mit den neuen Maschinen konnten große Mengen an Raps, Rüben, Sojabohnen, Kopra (zerkleinertes, zerdrücktes Mark der Kokosnuss), Sesamkernen, Mohnsaaten oder Baumwollsamen problemlos zu Öl verarbeitet werden. Die mühselige Handarbeit vergangener Zeiten war weitgehend überflüssig geworden.

Steigerung der Pflanzenölproduktion

Besondere Bedeutung hatte damals das Rapsöl als Schmiermittel für Dampfmaschinen und Eisenbahnfahrzeuge. Außerdem bestand erheblicher Bedarf an Brennölen. Das änderte sich erst 1859, als in den USA erstmals Erdöl gefördert wurde, das die Pflanzenöle in den technischen Bereichen zu ersetzen begann. Trotzdem stieg der Bedarf an Pflanzenölen kontinuierlich weiter. Diese beständige Nachfrage hing nicht zuletzt mit der Erfindung der Margarine durch Mège-Mourriès im Jahr 1869 zusammen.

Auch die Zunahme der Weltbevölkerung, die sich zwischen 1850 und 1990 von 1,2 Milliarden auf 5,5 Milliarden Menschen fast verfünffachte, schaffte einen bis dahin nie gekannten Nahrungsmittelbedarf. Die

Fettversorgung der Menschheit konnte nicht mehr allein aus tierischer Produktion gedeckt werden. Die Pflanzenöle wurden weltweit zum festen Bestandteil der täglichen Nahrung, übrigens auch in der Tierhaltung, wo Kraftfutter wie Ölschrote oder Ölkuchen seit vielen Jahrzehnten mit auf dem Futterplan stehen. Nicht zuletzt hat das gestiegene Gesundheitsbewusstsein in den so genannten Industrienationen dazu beigetragen, dass die wertvollen Pflanzenöle heute praktisch aus keiner Küche mehr wegzudenken sind. Zum Vergleich: In Deutschland wurden im Jahr 1875 0,3 Millionen Tonnen Ölsaaten und Ölfrüchte verarbeitet. 1913 waren es 1,8 Millionen Tonnen und gegenwärtig sind es pro Jahr etwa 4 Millionen Tonnen.

Herstellung von Margarine

Wie bereits erwähnt, wurde Margarine als Butterersatz erstmals 1869 in Frankreich von dem Lebensmittelchemiker Hippolyte Mège-Mourriès aus Rindertalg und Magermilch hergestellt. In Deutschland existiert seit 1902 ein Verfahren, in dem pflanzliche Öle in feste Fette überführt werden. Damit wurden die Pflanzenöle zum wichtigsten Rohstoff bei der Herstellung von Margarine.

Die Kunstbutter Margarine wurde vor über 100 Jahren für die Armen erfunden. Das neue Fett war billiger und haltbarer als Butter. Der perlige Schimmer verlieh ihr den Namen. »Margaron« bedeutet auf Griechisch Perle.

Seit Anfang des 19. Jahrhunderts gibt es Schneckenpressen. Bei uns sind diese alten Ölmühlen nur noch in Museen zu bewundern, in den Mittelmeerländern hingegen sind sie teilweise noch immer in Betrieb.

Fette und Öle sind wichtige Bausteine unserer Ernährung.

Pflanzliche Öle leisten einen besonders wertvollen Beitrag zu einer gesunden Ernährung. Gut die Hälfte der täglich benötigten Fettmenge sollte aus solchen Speiseölen bestehen, empfiehlt die Deutsche Gesellschaft für Ernährung.

Warum Pflanzenöle so gesund sind

Was die Menschen seit Jahrtausenden aus Erfahrung wissen, ist mittlerweile auch von der Wissenschaft voll bestätigt. Pflanzliche Öle wirken außerordentlich positiv auf den menschlichen Organismus ein, können ihn vor einer ganzen Reihe von Beschwerden und Erkrankungen bewahren und sind oft sogar mit sanften Heilkräften ausgestattet.

Fehlernährung vermeiden

Wenn man abends zu viel und zu schwer gegessen hat, spürt man spätestens am nächsten Morgen, unausgeruht und mit einem dicken Kopf, wie sehr das Wohlbefinden unmittelbar von der Art und Weise der Ernährung abhängt. Die Folgen steter Fehlernährung zeigen sich leider erst nach Jahren oder Jahrzehnten, gemäß dem Motto »steter Tropfen höhlt den Stein«. Die Liste der Erkrankungen, die sich einstellen können, wenn man zu wenig Ballaststoffe, Getreideprodukte, Obst und Gemüse, und stattdessen zu viel Salz und Zucker und vor allem überreichlich tierische Fette verzehrt, ist lang: Verdauungsstörungen, Gallensteine, Fettleber, Fettsucht, Magen- und Darmkrankheiten, Gicht, Gelenkbeschwerden, Allergien, Diabetes mellitus, Nierenleiden, Bandscheibenschäden, Karies, Kropfbildungen, Arteriosklerose, Bluthochdruck, zu hohe Cholesterinwerte, Herzerkrankungen bis hin zum Herzinfarkt u.v.a.m.

Tierische Fette einschränken

Wer sich davor schützen will, muss rechtzeitig auf eine gesunde Ernährung achten. Schränkt man den Verzehr tierischer Fette zugunsten pflanzlicher Öle ein, beugt man einer ganzen Reihe von Krankheiten wirksam vor. Eine Ausnahme unter den tierischen Fetten bilden nur

Fischöle bzw. das Fett der meisten Meeresfische wie Lachse oder Heringe, die wegen ihres Gehalts an den so genannten Omega-3-Fettsäuren ebenfalls außerordentlich gesund sind.

In den Mittelmeerländern beispielsweise, wo traditionell sehr viel mit Olivenöl gekocht wird und eher Meeresfrüchte und Fische als fettes Fleisch und Wurst auf dem Speiseplan stehen, ist die Herzinfarktrate deutlich niedriger als in den nordeuropäischen Ländern. Und in Indien oder Sri Lanka, wo tierische Fette nur selten auf den Teller kommen, kennt man ernährungsbedingte Cholesterinprobleme und Herzinfarktfälle praktisch überhaupt nicht.

Fette und Öle

Unsere Nahrung setzt sich aus drei Hauptkomponenten zusammen, aus Kohlenhydraten (Zucker, Stärke), Proteinen (Eiweißstoffen) und Fetten. Hinzu kommen pflanzliche Ballaststoffe, die unsere Verdauung in Schwung halten, aber im Organismus nicht verwertet werden, sowie Vitamine, Mineralien, Spurenelemente, Geschmacks- und Aromastoffe. Gemäß der Deutschen Gesellschaft für Ernährung sollten 20 bis 30 Prozent der täglichen Kalorienmenge, die wir aufnehmen, von Fetten stammen. Dazu muss man wissen, dass Fette die ergiebigsten Energiespender sind. Ein Gramm Fett liefert ca. neun Kilokalorien, wohingegen ein Gramm Eiweiß oder ein Gramm Kohlenhydrate nur je vier Kilokalorien zur Verfügung stellt. Die optimalen 20 bis 30 Prozent sind, und das sei nochmals hervorgehoben, nicht als Gewichtsanteile, son-

> Vorsicht:
> Man sollte täglich nicht mehr als 80 Gramm Gesamtfett zu sich nehmen. Denn mehr führt zu überschüssigen Pfunden an Bauch, Po und Hüften.

Ein einfaches Rechenbeispiel

Ein Stück Wurst von 40 Gramm, das 10 Gramm Fett enthält, verschafft uns 30 x 4 = 120 Kilokalorien aus Eiweiß plus 10 x 9 = 90 Kilokalorien aus Fett. Fast die Hälfte (43 Prozent) der Gesamtkalorien (210) stammen hier also vom Fett, obwohl das Fettgewicht nur ein Viertel bzw. 25 Prozent ausmacht. (Ohne Berücksichtigung des relativ hohen Wasseranteils).

dern als Kalorienmenge zu verstehen. Neben ihrer Eigenschaft als Energielieferanten sind Fette unerlässlich für die Verstoffwechselung der Vitamine A, D, E und K. Ohne Fette aufzunehmen, könnten wir diese fettlöslichen Vitamine nicht resorbieren und damit wahrscheinlich gar nicht existieren.

Fette stehen uns in zwei verschiedenen Formen zur Verfügung: entweder in fester Form (beispielsweise Schweineschmalz, Gänseschmalz, Butter, in fettem Fleisch, in Wurst) oder in flüssiger Form. Bei den flüssigen Fetten handelt es sich um Speiseöle, die mit Ausnahme des Fischöls alle pflanzlichen Ursprungs sind. Die festen Fette hingegen stammen bis auf Kokos- und Palmfett allesamt von Tieren bzw. von tierischen Produkten.

> Tierische Fette sind bei Zimmertemperatur (20 °C) von fester Konsistenz, pflanzliche Fette und Öle dagegen weich oder flüssig. Das bedeutet, je mehr gesättigte Fettsäuren enthalten sind, umso härter ist das Fett. Die mehrfach ungesättigten Fettsäuren halten das Fett flüssig.

Essenzielle Fettsäuren

Chemisch gesehen, bestehen alle Fette, egal ob fest oder flüssig, aus Glyzerin und Fettsäuren. Einige dieser Fettsäuren nennt man essenziell, also wesentlich, da sie für den menschlichen Organismus unverzichtbar sind. Sie können innerhalb des Stoffwechselgeschehens nicht durch Umwandlungsprozesse hergestellt werden, sondern müssen mit der Nahrung zugeführt werden. Fast alle Öle sind reich an solchen essenziellen Fettsäuren. Die Öle sind somit, ernährungsphysiologisch gesehen, unverzichtbar. Wenn man sie nicht in Reinform zu sich nimmt, muss man sie, sozusagen in ihrer natürlichen Verpackung, in Form von Ölsaaten, Samen, Nüssen oder Ölfrüchten essen. Die festen bzw. tierischen Fette hingegen enthalten nur geringe Mengen und manchmal gar keine essenziellen Fettsäuren. Deshalb kann ein Mensch auch existieren, ohne je tierische Kost zu sich zu nehmen.

Gesättigt oder ungesättigt

Fettsäuren bestehen aus langen Ketten von 4 bis 24 Kohlenstoffatomen, an denen unterschiedlich viele Wasserstoffatome angebunden sein können. Haben keine weiteren Wasserstoffatome mehr Platz an der Kette, gilt die Fettsäure als gesättigt. Tierische Fette bestehen in erster Linie aus solchen gesättigten Fettsäuren. Anders verhält es sich mit den pflanzlichen Fetten, den Ölen (und der Margarine). Sie setzen sich zum Großteil aus ungesättigten Fettsäuren zusammen. Ihre Kohlenstoffatomketten können noch weitere Wasserstoffatome aufnehmen. Besteht noch Platz für ein Wasserstoffatom, ist die Säure einfach ungesättigt. Können noch zwei, drei oder mehrere Wasserstoffatome angebunden werden, bezeichnet man die Fettsäure als zweifach, dreifach oder mehrfach ungesättigt.

Die in der Natur am weitesten verbreitete einfach ungesättigte Fettsäure ist die Ölsäure. Sie kommt sowohl in tierischen als auch in pflanzlichen Fetten vor. Sie gehört nicht zu den essenziellen Fettsäuren. Zweifach ungesättigte Fettsäuren wie die Linolsäure oder dreifach ungesättigte Fettsäuren wie die Linolensäure hingegen zählen zu den essenziellen Fettsäuren. Pflanzenöle sind die wichtigsten Quellen für mehrfach ungesättigte Fettsäuren.

Die wertvollen ungesättigten Fettsäuren sind sehr hitzeempfindlich. Daher sollten extra vergine Olivenöle vornehmlich in der kalten Küche verwendet werden, beispielsweise für Salatdressings.

Der Fettsäureanteil von Pflanzenölen

Pflanzenöl	Fettsäuren in Prozent			
	gesättigt	einfach ungesättigt	zweifach ungesättigt	dreifach ungesättigt
Distelöl	8,5	13,0	78,0	0,5
Erdnussöl	9,5	37,0	42,0	1,5
Haselnussöl	8,0	78,0	12,0	2,0
Kürbiskernöl	19,2	28,0	52,0	0,8
Leinöl	10,0	18,0	14,0	58,0
Maiskeimöl	14,5	32,5	52,0	1,0
Mohnöl	15,2	16,0	68,0	0,8
Olivenöl	12,0	78,0	9,5	1,0
Rapsöl	13,0	56,0	21,0	10,0
Sesamöl	13,5	42,0	44,0	0,5
Sojaöl	15,0	21,0	56,0	8,0
Sonnenblumenöl	12,5	24,0	63,0	0,5
Traubenkernöl	10,5	19,0	70,0	0,5
Walnussöl	8,0	20,0	60,0	12,0
Weizenkeimöl	16,0	22,0	57,0	5,0

Vom Wert der ungesättigten Fettsäuren

Die ungesättigten Fettsäuren, vor allem die mehrfach ungesättigten Fettsäuren, sind im menschlichen Organismus für eine ganze Reihe von Funktionen verantwortlich, ohne die unser Stoffwechselgeschehen zum Erliegen käme und die Zellaktivität schwer gestört würde. Schon bei ihrer Verarbeitung im Dünndarm lassen sich die ungesättigten Fettsäuren leichter aufspalten als die gesättigten Fettsäuren. Diese Tatsache macht die pflanzlichen Speiseöle viel bekömmlicher als andere Fette.

Pflanzliche Fette sind reich an einfach und mehrfach ungesättigten Fettsäuren und enthalten kein Cholesterin. Daher sollten Sie anstatt tierischer Fette besser pflanzliche Öle zu sich nehmen.

Wichtige Lipoproteine

Die Fähigkeit der ungesättigten Fettsäuren, zusätzliche Atome oder Moleküle an sich anzulagern, macht sie im Gegensatz zu ihren gesättigten Verwandten zu biologisch hochaktiven Stoffen. Sie gehen beispielsweise leicht eine Verbindung mit Eiweiß ein und werden dann zu Fett-Eiweiß-Körpern, zu Lipoproteinen (Lipo = Fett, Protein = Eiweiß). Nur in dieser Form kann das – an sich wasserunlösliche – Fett überhaupt mit dem Blut weitertransportiert werden, um seine unterschiedlichen Aufgaben im Organismus zu erfüllen. Auch der Abtransport von überschüssigem Cholesterin (Blutfett) aus den Arterien wird von den Lipoproteinen bewerkstelligt. Zudem sind Lipoproteine Ausgangsstoffe für eine ganze Reihe von lebenswichtigen Enzymen.

HDL- und LDL-Cholesterinwerte verbessern

Der vielen bekannte HDL-Wert des Blutserums bedeutet übrigens high density lipoproteins-Wert. Er gibt den Gewichtsanteil der Lipoproteine hoher Dichte mit viel Protein (und dafür weniger Fett) an. Je höher der HDL-Wert des Bluts, am besten über 55 mg/dl (Milligramm pro Deziliter), desto besser die Durchblutung und desto geringer die Gefahr, an Arteriosklerose zu erkranken oder gar einen Herzinfarkt zu erleiden. Im Gegensatz dazu stehen die »low density lipoproteins«, die Lipoproteine niedriger Dichte mit einem geringen Proteingehalt (und dafür viel Fett). Übersteigen diese LDL-Werte 150 bis 90 mg/dl, ist der Blutfettspiegel zu hoch und es besteht das Risiko, arteriosklerotische Gefäßerkrankungen zu bekommen. Medizinisch exakt spricht man dann von der Gefahr einer Atheromatose, von krankhaften fett- und cholesterinreichen Ablagerungen innerhalb der Arterien und ihren vielfältigen gesundheitlichen Nachteilen.

Herzinfarktrisiko senken

In einer als Göttinger Studie (GRIPS) bekannt gewordenen Reihenuntersuchung zwischen 1982 und 1986 hat sich gezeigt, dass LDL-Werte über 190 mg/dl bei Männern ein 100fach höheres Herzinfarktrisiko darstellen als LDL-Werte unter 120 mg/dl. Bei zu hohen LDL-Werten muss man darauf achten, den Fettkonsum zu reduzieren. Dabei kommt es in erster Linie auf die Art der Fette an und erst in zweiter Linie auf die absolute Menge. Auch wenn wissenschaftlich noch nicht vollständig geklärt ist, wie die vermehrte Aufnahme von ungesättigten Fettsäuren anstatt gesättigter Fettsäuren Durchblutungsstörungen verhindert, ist heute die überwiegende Mehrzahl der Ernährungswissenschaftler vom gesundheitlichen Wert der ungesättigten Fettsäuren für Blutbild und Blutgefäße überzeugt.

Statt die Figur und den Organismus mit Chips oder Flips zu belasten, können Sie die wertvollen Bestandteile der Ölsaaten durch Haselnüsse, Erdnüsse, Walnüsse, Mandeln, geröstete oder gesalzene Sonnenblumen- und Kürbiskerne als gesundes Knabberzeug probieren.

Ergebnisse epidemiologischer Untersuchungen

Tierversuche und epidemiologische Untersuchungen mit Tausenden von Versuchspersonen lassen keinen Zweifel daran: Wer den Verzehr cholesterinreicher tierischer Fette zugunsten von cholesterinarmen Speiseölen rechtzeitig einschränkt, tut das Beste für seine Blutwerte und Blutgefäße. So kann man sich bis ins Alter all jener Eigenschaften erfreuen, die von einer guten Durchblutung abhängen wie Konzentrationsfähigkeit, Erinnerungskraft, Vitalität und Leistungskraft. Allerdings ist die Wahl der richtigen Fette nicht allein für einen guten Blutfluss verantwortlich. In diesem Zusammenhang stellen das Rauchen, Übergewicht und Bewegungsmangel ernst zu nehmende Risikofaktoren dar.

Gesunde Zellaktivität

Der menschliche Körper besteht aus etwa 70 Billionen Zellen, aus Muskel-, Haut-, Nerven-, Drüsen-, Bindegewebe- und anderen Zellen. Nur das reibungslose Funktionieren all dieser winzigen Körperbausteine garantiert Gesundheit und Wohlbefinden. Dazu sind Fette bzw. mehrfach ungesättigte Fettsäuren vonnöten. Die mehrfach ungesättigten Fettsäuren werden nach ihrer Verstoffwechselung in abgewandelter Form in die äußeren Schutzhüllen der Zellen, in die Zellmembranen eingebaut. Sie beeinflussen damit alle Austauschprozesse der Zellen mit der umliegenden Gewebeflüssigkeit. Vor allem die Sauerstoffversorgung der Zellen aus der Gewebeflüssigkeit heraus, der Vorgang der Zellteilung, die Immunreaktionen der Zellen und eine Reihe enzymatischer Prozesse würden ohne diese Fettsäuren nicht funktionieren.

Reich an einfach ungesättigten Fettsäurenen sind vor allem Oliven-, Erdnuss- und Rapsöl. Einen hohen Gehalt an mehrfach ungesättigten Fettsäuren besitzen Sonnenblumen-, Maiskeim-, Soja-, Lein- und Fischöle. Gesättigte Fettsäuren enthalten Kokosfett, Schmalz und Talg.

Zellatmung

Auch für das Innere der Zellen, die Mitochondrien oder Energiezentralen, sind mehrfach ungesättigte Fettsäuren unerlässlich. Sie sind nämlich am Aufbau eines Enzyms mit der Bezeichnung »Zytochrom-a3« beteiligt. Nur mit Hilfe dieses Enzyms können die winzigen Zellkraftwerke den Sauerstoff aus der Lunge, der erst vom Blut und dann von der Gewebeflüssigkeit herbeigeschafft wird, verwerten. Diesen Verwertungsprozess nennt man Zellatmung oder innere Atmung. Wie das Wort »Atmung« bereits andeutet, handelt es sich dabei um den wichtigsten Vorgang des Lebens überhaupt. Denn ohne Atmung gibt es kein Leben. Zellen, bei denen dieser Prozess gestört ist, degenerieren, fangen an zu gären, werden anfällig für Krankheitskeime und neigen dazu, Tumore zu bilden.

Schon in den dreißiger Jahren wurde in Tierversuchen erwiesen und in den siebziger Jahren auch für den Menschen bestätigt, dass ein Mangel an mehrfach ungesättigten Fettsäuren zu schwersten Defekten führt: zu Wachstumsstörungen, Hautkrankheiten und Geschwüren, Muskelschwäche, Nierenblutungen, erhöhter Infektanfälligkeit, Leberschäden oder krankhaften Blutbildveränderungen.

Pflanzenöl beugt Erkrankungen vor

Schon das tägliche Anrichten von Salaten und anderen Speisen mit reichlich pflanzlichen Ölen kann solchen degenerativen Erkrankungen und möglicherweise sogar Krebs vorbeugen. Nach Empfehlung der Ernährungswissenschaftler sollte jeder Erwachsene etwa zehn Gramm an mehrfach ungesättigten Fettsäuren pro Tag konsumieren. Bei einem Öl mit einem Gehalt von ca. 50 bis 70 Prozent an solchen Fettsäuren wären das etwa zwei Esslöffel voll. Mit dieser täglichen Menge Öl rückt man in gewissen Grenzen übrigens auch überflüssigen Pfunden zu Leibe, da die mehrfach ungesättigten Fettsäuren die Verbrennung von unnützem Speicherfett im Organismus ankurbeln.

Die Rolle der Hormone

Hormone sind Botenstoffe. Sie steuern das Zusammenspiel von Zellen und Organen, regeln das Stoffwechselgeschehen und andere Funktionen. Ohne Hormone würde es im menschlichen Organismus drunter und drüber gehen. Man unterscheidet zwischen echten Hormonen, die von Drüsen wie der Schilddrüse oder der Hirnanhangsdrüse gebildet werden und so genannten Gewebehormonen, die in Gewebezellen entstehen und meist dort erzeugt werden, wo sie zum Einsatz kommen sollen. Zu diesen Gewebehormonen gehören die Prostaglandine.

Funktion der Prostaglandine

Prostaglandine sind hochaktiv und erfüllen in allen Bereichen des menschlichen Körpers wichtige Aufgaben. Sie regulieren z. B. den Blutdruck und die Blutgerinnung, steigern die Nierenleistung, halten die Haut gesund und beeinflussen entzündliche Prozesse, indem sie bestimmte Blutzellen, die T-Lymphozyten, steuern. Diese Blutzellen sind ein unverzichtbarer Bestandteil unseres Immunsystems und mitverantwortlich dafür, dass der Organismus eingedrungene Krankheitserreger erkennen und bekämpfen kann.

Prostaglandine wurden erstmals in den dreißiger Jahren von dem schwedischen Neurophysiologen und Nobelpreisträger Svante von Euler-Chelpin (1905–1983) in der Samenflüssigkeit von Schafen entdeckt. Fälschlicherweise vermutete er, dass diese hormonähnliche Substanz in der Prostata gebildet würde. Der Name wurde beibehalten.

Bildung von Prostaglandinen

Prostaglandine werden im Organismus aus Arachidonsäure, einer ungesättigten Fettsäure, gebildet. Arachidonsäure kann entweder direkt mit der Nahrung aufgenommen werden, oder durch einen Umwandlungsprozess aus Ölfetten, der zweifach ungesättigten cis-Linolsäure bzw. der dreifach ungesättigten Gamma-Linolensäure, oder auch aus Omega-3-Fettsäuren von Meeresfischen gewonnen werden. Die verschiedenen Prostaglandine haben auch verschiedene Wirkungen. Arachidonsäure, die direkt von tierischer Nahrung herstammt, bringt Prostaglandine hervor, die entzündliche Prozesse eher fördern. Im Übermaß können sie sogar ausgesprochen schädliche Wirkungen entfalten wie Blutgerinnsel oder Herzkrämpfe. Prostaglandine, die auf Linol- bzw. Linolensäure aus pflanzlichen Ölen oder auch auf Omega-3-Fettsäuren von Meeresfischen zurückgehen, wirken dagegen Entzündungen entgegen und sorgen für eine ordnungsgemäße Funktion des Organismus. Dies verdeutlicht einmal mehr, wie wichtig die pflanzlichen Öle mit ihren mehrfach ungesättigten Fettsäuren für den menschlichen Organismus sind. Sie stellen nicht nur das Ausgangsmaterial für die nötigen Gewebehormone. Sie sind auch dafür verantwortlich, dass diese Hormone nicht »verrückt spielen«, sondern eine segensreiche Wirkung entfalten.

> Die essenzielle Linolsäure ist vor allem in Nachtkerzenöl (71 Prozent), Sonnenblumenöl (60 Prozent), Maiskeimöl (55 Prozent), Erdnussöl (26 Prozent), Leinsamenöl (15 Prozent) und immerhin mit sechs Prozent in Olivenöl enthalten.

Lebensnotwendiges Lezithin

Lezithin ist ein so genannter Fettbegleitstoff. Lezithin ist in jeder lebenden Zelle enthalten und somit in der gesamten Biomasse der Welt verbreitet. Für die menschliche Ernährung sind neben Eiern, Fischrogen und Milch vor allem Weizenkeime, Maiskeime, Sojabohnen, Leinsamen, Raps und Sonnenblumenkerne bzw. die Öle aus diesen pflanzlichen Produkten die wichtigsten Lezithinlieferanten.

Bereits am Anfang des 20. Jahrhunderts hatte man den Wert des Lezithins für den menschlichen Organismus erkannt und pries Lezithinextrakte regelrecht als Wundermittel an. Das war natürlich zu hoch

Die Morrison-Studie

Der Wissenschaftler L. M. Morrison untersuchte bereits im Jahr 1958 den Einfluss des Lezithins auf den Cholesterinspiegel.

▶ Zwölf Patienten, die mit arteriosklerotischen Herzbeschwerden kämpften oder bereits einen Herzinfarkt erlitten hatten, wurden zu der Studie herangezogen. Jeder wies Gesamtcholesterinwerte von mehr als 300 mg/dl auf. Die Behandlung erfolgte mit granuliertem Sojalezithin.

▶ Drei Monate lang nahm jeder Patient täglich 36 Gramm davon zur üblichen Nahrung ein.

▶ Das Ergebnis: Im Durchschnitt sanken die Cholesterinwerte um 41 Prozent, bei einigen sogar um mehr als die Hälfte. Unerwünschte Nebenwirkungen traten nicht auf.

gegriffen. Es zeigte sich aber im Verlauf der weiteren Jahrzehnte, dass Lezithin wirklich ein Stoff ist, der für unseren Organismus unentbehrlich ist und der in manchen Bereichen Heilwirkungen entfaltet. Lezithinpräparate werden erfolgreich gegen arteriosklerotische Beschwerden eingesetzt, die auf einem zu hohen Cholesterinspiegel im Blut beruhen; sie helfen bei Störungen von Gehirn- und Nervenfunktionen, bilden überschüssige Fettablagerungen in der Leber zurück und verhindern die Bildung von Gallensteinen. Zudem werden solche Präparate als Stärkungsmittel eingesetzt. Auch wenn der Lezithingehalt in Speiseölen niedriger ist als in Extrakten bzw. speziellen Lezithindragees, entfalten sie doch eine prophylaktische oder heilende Wirkung.

Lezithin und HDL-Cholesterin

Lezithin spielt eine wichtige Rolle im gesamten Fettstoffwechsel und für den Cholesterintransport. Vor allem die nützlichen HDL-Cholesterine im Blut enthalten viele Phospholipide, wie die wichtigsten Bausteine des Lezithins genannt werden. In erster Linie sorgen die HDL dafür, dass überschüssiges Cholesterin im Blut zur Leber abtransportiert wird und der Cholesterinspiegel sinkt.

Besonders das Sojaöl hat einen äußerst hohen Lezithingehalt. Wie eine Untersuchung aus Singapur zeigte, können die darin enthaltenen Sojaproteine sogar vor Brustkrebs schützen.

Lezithin und der Energiehaushalt

Wie die mehrfach ungesättigten Fettsäuren sind die Phospholipide auch Bestandteil aller Zellmembranen. Damit sind sie unentbehrlich für alle Stoffwechselvorgänge der Zellen wie die Aufnahme von Nährstoffen und Sauerstoff oder die Ausscheidung von Zellabfällen. Auch die Mitochondrien, die winzigen inneren Energiespender der Zellen, enthalten Phospholipide. Ohne sie wäre der Energiehaushalt des gesamten Organismus gestört.

Intravenöse Ernährung mit Sojalezithin

Im Bereich der Fettverdauung übt Lezithin eine Funktion aus, die auch in der Medizin bei der intravenösen Ernährung genutzt wird. Wenn Patienten Nährlösungen verabreicht werden, die auch reichlich Fette enthalten, besteht die Gefahr, dass die Fette in den Nährflüssigkeiten verdicken bzw. verklumpen. Deshalb setzt man ihnen Sojalezithin zu, das eine optimale Fettemulgierung garantiert. Ebenso hilft das in der Gallenflüssigkeit vorhandene Lezithin, die mit der Nahrung aufgenommenen Fette löslicher und leichter verdaulich zu machen. Die Bedeutung des Lezithins für den menschlichen Organismus zeigt sich nicht zuletzt daran, dass es außer im Blut auch reichlich im Gehirn, in Knochenmark, Herz, Leber, Nieren und Lunge vorkommt.

Das Vitamin E wurde erst in den dreißiger Jahren entdeckt. Heute weiß man, dass konzentrierte Vitamin-E-Gaben vorzeitigen Alterungsprozessen vorbeugen, die Gehirnzellen aktivieren und die Lernfähigkeit bis ins hohe Alter garantieren.

Vitamin E

Die Notwendigkeit, mittlerweile fast sechs Milliarden Menschen auf dem relativ kleinen »Raumschiff Erde« zu versorgen, schafft Umwelt- und Abfallprobleme von nie dagewesenen Ausmaßen. Industrie, Verkehr und Landwirtschaft erzeugen weltweit täglich tausende Tonnen an Schadstoffen. Über 70 000 Umweltchemikalien sind in Umlauf, von denen 90 Prozent in ihrer Wirkung auf den menschlichen Organismus noch nicht erforscht sind. Zu den restlichen zehn Prozent zählen so giftige Substanzen wie Kadmium, Quecksilber oder Kohlenmonoxid.

Innerer Umweltschutz

Erst zukünftige Technologien und gewaltige Anstrengungen im Bereich des Umweltschutzes werden die Menschheit und die Natur vor dem immensen Giftausstoß bewahren können. Wichtig ist es, den Organismus von innen widerstandsfähiger zu machen, unsere Immunmechanismen zu stärken und zu optimaler Leistung anzuregen. Einen Beitrag dazu stellt eine ausreichende Versorgung mit Vitamin E dar. Sieht man sich die Wirkung dieses Stoffs genau an, ist es klar, dass Vitamin E den besten inneren Umweltschutz im Organismus garantiert.

Natürliche Vitamin-E-Quellen

Keine anderen Lebensmittel enthalten so viel Vitamin E wie pflanzliche Öle und Öl gebende Samen oder Ölfrüchte. Sie sind die bedeutendsten Vitamin-E-Spender in der menschlichen Ernährung. Nur in Knäckebrot, Eiern, Butterschmalz, Truthahnfleisch, Paprikagemüse, Schwarzwurzeln und Himbeeren finden sich noch nennenswerte Mengen davon. Wer also auf seinen Vitamin-E-Haushalt achten will, muss sich den Speiseölen zuwenden.

Seinen Siegeszug trat das Vitamin E vor 20 Jahren in Los Angeles an, einer Stadt mit einer der höchsten Smogkonzentrationen der Welt. US-Wissenschaftler hatten festgestellt, dass es die körperlichen Abwehrkräfte gegen den Smog in der Atemluft steigert.

Künstliche Vitamin-E-Präparate?

Sich mit künstlichen Vitamin-E-Präparaten zu behelfen, ist dabei weniger empfehlenswert. Solche Dragees enthalten meist nur bestimmte Varianten des Vitamins und entfalten nicht das gesamte Wirkungsspektrum des natürlich vorkommenden Vitamin E. Zudem sind manche Öle wie das Weizenkeimöl oder das Maiskeimöl derart reich an Vitamin E, dass man, wenn man sie regelmäßig konsumiert, getrost auf künstliche Präparate verzichten kann.

Die Wirkungspalette von Vitamin E ist erstaunlich und lässt es oftmals als Wundermittel erscheinen: Die Alterungsprozesse im Körper werden verlangsamt, der Hormonhaushalt günstig beeinflusst, die Muskeltätigkeit durch vermehrte Sauerstoffzufuhr verbessert, Gefäßwände und Zellen vor Schäden geschützt.

Schutz vor Oxidation

Im Öl sorgt Vitamin E dafür, dass das Öl bzw. die Fette, aus denen das Öl besteht, an der Luft nicht ranzig werden, oder in der Sprache der Chemiker, nicht oxidieren. Und genau dasselbe bewirkt Vitamin E im menschlichen Organismus. Es bewahrt die fetthaltigen Zellmembranen davor zu oxidieren.

Wie freie Radikale entstehen

So ein verderbliches Ranzigwerden der Zellhüllen wird von so genannten freien Radikalen erzeugt. Das sind Atome oder Moleküle, die noch ein Elektron aufnehmen können und die ständig bestrebt sind, einem anderen Atom oder Molekül ein Elektron zu entreißen, um sich zu vervollständigen. Gelingt das, hat das andere Atom oder Molekül fortan ein Elektron zu wenig und gehört dann seinerseits zu den freien Radikalen. So wird eine zerstörerische Kettenreaktion in Gang gesetzt.
Die größte Gruppe von freien Radikalen sind hochreaktive Sauerstoffradikale, also Sauerstoffmoleküle, die nicht komplett sind, wie etwa das Superoxidanionradikal (O_2^-), das Hydroxylradikal ($OH^\bullet$) oder das Wasserstoffperoxidradikal (H_2O_2). Zu einem gewissen Prozentsatz entstehen diese Radikale innerhalb unseres Organismus, um beispielsweise eingedrungene, körperfremde Stoffe unschädlich zu machen. Wenn viele Schadstoffe, z. B. aus der allgemeinen Umweltbelastung, auf uns eindringen, schießt der körpereigene Reparaturbetrieb leicht über sein

Ziel hinaus und erzeugt viel zu viele Radikale, die dann die Gewebe schädigen, das Immunsystem schwächen, vorzeitiges Altern bewirken und auch Krebs auslösen können. Die weitaus größere Quelle für freie Radikale sind aber Stickoxide, Pestizide, Rauch und Abgase und eine erhöhte Belastung mit Ozon und UV-Strahlen. Solche negativen Umweltsituationen oder Umweltgifte bringen aggressive Sauerstoffmoleküle hervor, die die Körperzellen regelrecht in oxidativen Stress versetzen – mit den oben genannten Folgen.

Stärkung des Immunsystems

Dagegen ist aber ein Kraut gewachsen, nämlich das Vitamin E. Es lagert sich in die Zellmembranen ein und fängt die angriffslustigen freien Radikale ab. Vitamin-E-Gaben bauen, bildlich gesprochen, einen Zellschutzschild auf, der vorzeitige Alterungsprozesse in den Zellen verzögert, ihre Immunfunktionen stärkt und höchstwahrscheinlich sogar vor Tumorbildungen bewahren kann.

Zudem erhöht Vitamin E die Durchlässigkeit der Zellhüllen, was die Zellen insgesamt gesünder und widerstandsfähiger macht. Auch das wichtige Vitamin A und eine Reihe von Enzymen, die für das Immunsystem von Bedeutung sind, werden von dem Vitamin E geschützt. Manche Forscher vertreten deshalb die Auffassung, dass regelmäßige Vitamin-E-Gaben das Leben aller Menschen um bis zu 20 Jahre verlängern könnten.

Vitamin E schützt die Zellen vor freien Radikalen. Lebensmittel mit hohem Vitamin-E-Gehalt sind Grünkohl, Wirsing, Weiß- und Rotkohl. Diese können Sie als Rohkostsalat oder mit einer Pflanzenölmarinade zu einer wahren Vitaminbombe zubereiten.

Vitamin-E-Gehalt von Speiseölen

Speiseöl	mg/100 ml	Speiseöl	mg/100 ml
Distelöl	75	Rapsöl	55
Erdnussöl	35	Sesamöl	50
Haselnussöl	43	Sojaöl	95
Kürbiskernöl	45	Sonnenblumenöl	70
Leinöl	36	Traubenkernöl	16
Maiskeimöl	125	Walnussöl	50
Olivenöl	15	Weizenkeimöl	220

Wertvolle Vitamine, Mineralien und Begleitstoffe

Neben den mehrfach ungesättigten Fettsäuren, Lezithin und reichlich Vitamin E sind auch eine ganze Reihe von anderen Inhaltsstoffen dafür verantwortlich, dass pflanzliche Öle für den Menschen regelrechte Gesundheitselixiere darstellen. Zu diesen Stoffen zählen die Vitamine A, B1, B2, B6, C und D, die Mineralstoffe und Spurenelemente Kalium, Kalzium, Phosphor, Magnesium, Eisen, Kupfer, Mangan, Zink und Selen und die verschiedensten Begleitstoffe wie Aminosäuren oder bestimmte Phytosterine, fettähnliche Substanzen pflanzlichen Ursprungs. Diese Stoffe sind bekanntermaßen alle von hohem gesundheitlichem Wert, und manche von ihnen, wie einige spezielle Phytosterine können wir nur in Form von Öl oder Ölfrüchten aufnehmen.

Nicht vergessen sollte man dabei, dass längst noch nicht alle Inhaltsstoffe von Naturprodukten, wie Öle es sind, in ihrer Wirkung auf den menschlichen Organismus wissenschaftlich untersucht wurden. Vielleicht können sie wegen der vielfältigen und äußerst komplizierten Wechselbeziehungen, die sich innerhalb unseres Stoffwechselgeschehens vollziehen, überhaupt niemals erfasst werden. Das beste Beurteilungskriterium bleibt da das eigene Wohlbefinden. Machen Sie die Probe aufs Exempel! Verwenden Sie eine Zeit lang verstärkt pflanzliche Öle – natürlich keine raffinierten und billigen, sondern naturreine und kaltgepresste – und beurteilen Sie dann, wie Sie sich im Vergleich zu vorher fühlen. Aller Erfahrung nach werden Sie fortan nie mehr auf eine reiche Palette von pflanzlichen Ölen in Ihrer Speisekammer verzichten wollen.

> Selen ist ein Spurenelement im menschlichen Körper und Bestandteil eines Enzyms, das ähnlich wie Vitamin E freie Radikale abfängt. Selen beugt Arteriosklerose vor und besitzt eine schützende Wirkung vor Krebserkrankungen.

Die Wirkung der Phytosterine im Kürbiskernöl

Die vielen verschiedenen Öle sind in der Menge und in der Art der Phytosterine, die sie beinhalten, zum Teil recht unterschiedlich. Deshalb soll hier nur am Beispiel des Kürbiskernöls aufgezeigt werden, welch enormen gesundheitlichen Nutzen manche dieser Stoffe entfalten können.

Vorbeugung von Prostatavergrößerungen

Kürbiskernöl enthält Phytosterine, die man Delta-7-Sterole nennt. Reihenuntersuchungen ergaben, dass diese Stoffe eine segensreiche Wirkung auf die männliche Vorsteherdrüse, die Prostata haben. Nimmt man reichlich Kürbiskernöl, Kürbiskerne oder Arzneikürbispräparate zu sich, beugt man einer gutartigen Prostatavergrößerung (benigne Prostatahyperplasie) wirksam vor. Sogar das Anfangsstadium einer solchen Erkrankung, unter der die Hälfte aller Männer jenseits des vierzigsten Lebensjahres leidet, kann damit behandelt werden. Die Wissenschaftler vermuten, dass diese Wirkung in der Molekülstruktur der Delta-7-Sterole zu suchen ist. Diese Molekülstruktur entspricht nämlich der Struktur eines Stoffs namens Dihydrotestosteron, der die krankhafte Vergrößerung der Vorsteherdrüse auslöst. Höchstwahrscheinlich nehmen die Delta-7-Sterole den Platz der Dihydrotestosteronmoleküle in der Vorsteherdrüse ein und verhindern so, dass es zu übermäßigen Ansammlungen von Dihydrotestosteron und damit zu Wucherungen im Prostatagewebe kommt. Auch wenn dieser Wirkmechanismus der Delta-7-Sterole in der Vorsteherdrüse noch nicht 100-prozentig geklärt ist, besteht kein Zweifel an der Wirksamkeit an sich. Die regelmäßige Einnahme von Kürbiskernöl oder Kürbiskernpräparaten kann sich als wahrer Segen für Männer mit den lästigen und schmerzhaften Problemen beim Wasserlassen erweisen.

Zur prostataspezifischen Wirkung tragen neben dem Selen-, Vitamin-E- und Zitrullengehalt die Anteile an Magnesium und Linolsäure sowie die Menge an Delta-7-Sterolen bei.

Heilende Wirkung bei Blasenbeschwerden

Weitere Untersuchungen ergaben, dass Kürbiskernöl bzw. Kürbiskernölprodukte auch für Frauen von hohem Nutzen sind. Durch die Inhaltsstoffe der Kürbissamen wird die Entleerung der Blase gefördert. Gleichzeitig erfolgt eine Entspannung des Schließmuskels am Blasenausgang. Durch die vollständige Entleerung der Blase wird einem Harnstau vorgebeugt. 90 Prozent aller Untersuchten, die unter einer Reizblase litten, konnten mit der längerfristigen Einnahme dieser Naturheilmittel eine deutliche Linderung oder ein völliges Verschwinden ihrer Beschwerden verzeichnen.

Im Mittelmeerraum weit verbreitet und beliebt – die Ölfrucht Olive und ihr Öl.

Kaltgepresste Öle sind geschmacks- und geruchs-intensiver und besitzen einen höheren Anteil an wertvollen Fettbegleit-stoffen als andere Öle. Sie sind aber auch emp-findlicher gegen Licht und Wärme und sollten deshalb kühl und dunkel gelagert werden.

Kaltgepresste oder raffinierte Öle?

Den meisten Verbrauchern ist die Aufschrift »kaltgepresst« auf dem Etikett einer Ölflasche längst ein Begriff. Weniger bekannt ist, was genau darunter zu verstehen ist. Grundsätzlich gilt: Ein kaltgepresstes Öl ist wesentlich reicher an Inhaltsstoffen als ein raffiniertes Öl. Das betrifft den Gehalt an Vitaminen, Aminosäuren, Geruchs- und Geschmacksstoffen sowie eine Reihe von wertvollen Fettbegleitstoffen wie Lezithin. Raffinierte Öle sind relativ arm an solchen Substanzen, und manche enthalten praktisch überhaupt keine natürlichen Stoffe mehr außer Fettsäuren. In ihrer Zusammensetzung an Fettsäuren unterscheiden sich beide Öltypen allerdings kaum. Auch die raffinierten Öle sind reich an ungesättigten Fettsäuren. Da der gesundheitliche Wert eines Öls aber nicht allein von der Qualität der Fettsäuren, sondern ganz wesentlich auch von den anderen Inhaltsstoffen abhängt, sollte man – zumal für innerliche (und äußerliche) Heilanwendungen – ausschließlich kaltgepresste Öle verwenden.

Nicht kaltgepresst und trotzdem gut

Von dieser Regel ausgenommen, dass man nur kaltgepresste Öle verwenden sollte, sind nur das echt steirische Kürbiskernöl und manche Haselnuss- und Sesamöle. Die Kerne, Nüsse oder Samen werden vor dem Auspressen kurzzeitig angeröstet, und die Öle dürfen dann, streng genommen, nicht mehr kaltgepresst genannt werden. Doch bei diesen traditionellen Röstverfahren werden Temperaturen von 60 bis 70 °C nicht überschritten, und die Ölmüller achten schon aus geschmacklichen Gründen streng darauf, den Röstvorgang so schonend wie möglich zu vollziehen. Wenn man bedenkt, dass beispielsweise Sonnenblumenkerne oder Oliven, die zwangsweise eine Zeit lang im Freien gelagert werden, unter direkter Sonneneinstrahlung ähnlich hohen Temperaturen ausgesetzt sind, ist verständlich, dass Kürbiskernöl, Haselnuss- oder Sesamöl genauso gesund und inhaltsreich sind wie beispielsweise die kaltgepressten Distel-, Sonnenblumen- oder Olivenöle. Wichtig ist nur, dass sie nicht raffiniert wurden, da bei der Raffination alle Geschmacksstoffe, Fettsäuren und Vitamine verloren gehen.

Keine Hitze oder Chemikalien

Je nachdem, ob es sich um Bohnen, Keimlinge, Kerne, Samen, Nüsse oder Früchte handelt, aus denen Öl gewonnen werden soll, unterscheiden sich die einzelnen Ölgewinnungsverfahren natürlich in bestimmten Punkten. Für eine Kaltpressung gilt aber immer, dass die Temperatur bei der Herstellung ca. 40 °C nicht überschreiten darf, damit alle Inhaltsstoffe der Ausgangsmaterialien auch in das Öl übergehen können. Zudem dürfen keinerlei chemische Hilfsmittel bei der Herstellung zum Einsatz kommen.

Die Kaltpressung von Oliven

Nachdem die Oliven gereinigt und gewaschen wurden, gibt man sie in große, schüsselartige Behälter. Darin kommen sie sozusagen unter die Räder, ein Vorgang, der von den Ölmüllern Kollergang genannt wird. In den Schüsseln rotieren dicke Mühlsteine, die die Früchte zerquetschen, bis ein dickflüssiger Brei entsteht. Anschließend wird der Fruchtbrei in mehreren Schichten ausgepresst. Jede Schicht wird mit einer so genannten Pressmatte von der nächsthöheren getrennt. Ist ein turmartiges Gebilde entstanden, setzt von unten ein hydraulischer Mechanismus an und presst das Ganze zusammen, bis an den Seiten der Pressmatten ein Öl-Fruchtwasser-Gemisch heraustropft. Das Wasser wird in einer Zentrifuge vom Öl getrennt, das Öl gefiltert und abgefüllt. Etwa fünf Kilogramm Oliven sind nötig, um auf diesem rein mechanischen Weg einen Liter »flüssiges Gold aus Apulien«, wie man in Süditalien zum Olivenöl sagt, zu gewinnen. Das naturreine Öl ist von bester Qualität und enthält alle wertvollen Inhaltsstoffe.

Im Kühlschrank können kaltgepresste Öle trüb werden. Dies hat jedoch keinen Einfluss auf die Qualität. Bei Zimmertemperatur oder durch Schütteln werden sie wieder klar.

40 °C Wärme lassen sich übrigens auch bei der so genannten Kaltpressung nicht vermeiden, da bei jedem Pressvorgang zwangsläufig Wärme entsteht.

Welches Olivenöl sollte man verwenden?

Nach der Verordnung der Europäischen Wirtschaftsgemeinschaft vom 11. Juli 1991 sind für die Qualitätsabstufungen des Olivenöls exakte Richtlinien erlassen worden, was für andere Öle leider noch nicht erfolgt ist. Die Verordnung unterteilt Olivenöl in neun Klassen. Für eine gesunde Vollwertküche und Heilanwendungen sind nur die Klassen eins bis drei von Belang. Der Rest sind Öle mit Bezeichnungen wie »Oliventresteröl«, »Raffiniertes Olivenöl« und »Olivenöl«. Sie sind nicht empfehlenswert, da sie alle raffiniert oder verschnitten wurden.

Olivenöl – nativ oder vergine

Die von der Europäischen Wirtschaftsgemeinschaft vorgegebene Bezeichnung »nativ« für naturbelassene, kaltgepresste Öle deckt sich nicht ganz mit dem älteren Begriff »vergine«, den man in Italien früher und auch heute noch für solche Öle verwendet. Alle Öle, die die Bezeichnung »vergine« oder »extra vergine« führen, was zu Deutsch jungfräuliche Öle bedeutet, sind wie native Öle naturbelassen. Sie stammen aus erster Pressung und wurden nicht erhitzt oder chemisch behandelt. Insofern deckt sich der Begriff »nativ« mit »vergine«. Manchmal verbirgt sich allerdings hinter dem Begriff »vergine« auch ein ganz besonderes Öl, eines, bei dem der Olivenbrei nicht maschinell ausgepresst wurde, sondern das darin enthaltene Öl lediglich abtropfte. Solche Öle sind besonders mild, fruchtig und manchmal auch unfiltriert zu bekommen, haben aber dafür auch einen entsprechenden Preis.

Ein raffiniertes Öl ist klar und schmeckt fast nach nichts. Es hat mit Naturprodukten wie beispielsweise duftenden, gelbgrünen Olivenölen, dem kräftignussigen Steirer Kernöl oder einem bukettreichen Nussöl nichts mehr gemein. Insbesondere für gesundheitliche Anwendungen ist es nicht geeignet.

Die Raffination

Für viele stellt die Raffination von Speiseölen ein Zauberkunststück aus dem Hexenkücheneinmaleins dar. Denn dabei durchläuft ein Rohöl eine Vielzahl von Bearbeitungsschritten, die einen Gourmet oder gesundheitsbewussten Verbraucher wahrlich das Gruseln lehren können. Ein Rohöl, das raffiniert werden soll, wird zuerst einmal heiß

Empfehlenswerte Olivenöle

▶ Extra natives Olivenöl (auch extra vergine genannt): Bestes Olivenöl aus erster Pressung von einwandfreiem Geschmack. Der Gehalt an unerwünschten freien Fettsäuren darf ein Gramm pro 100 Gramm nicht übersteigen.

▶ Natives Olivenöl (auch vergine genannt): Wie extra nativ , aber mit einem erlaubten Gehalt an freien Fettsäuren von zwei Gramm pro 100 Gramm.

▶ Gewöhnliches natives Olivenöl: guter Geschmack, ein Gehalt an freien Fettsäuren von 3,3 Gramm pro 100 Gramm.

gepresst oder mit Hilfe chemischer Lösungsmittel wie Hexan aus den Ölsaaten oder Ölfrüchten extrahiert. Dann erfolgt die eigentliche Raffination mit den vier wichtigsten Schritten:

1. Entschleimung

Mit Phosphaten oder Säurelösungen werden dem Öl alle natürlichen Trübstoffe sowie das Lezithin entzogen. Das ernährungsphysiologisch wertvolle Lezithin wird z. B. als Emulgator für Teigwaren Gewinn bringender genutzt.

2. Entsäuerung

Bei hohen Temperaturen werden mit Natronlauge, Äthanol oder Furfural unerwünschte freie Fettsäuren, die bei der Heißpressung entstanden sind, oder Mykotoxine beseitigt.

3. Entfärbung

Aktivkohle und Aluminiumsilikate, die mit Salzsäure behandelt wurden, lösen natürliche Farbstoffe wie Chlorophyll oder Protochlorophyll und Farbbegleitstoffe wie Bioflavonoide und wichtige Fettbegleitstoffe aus dem Öl. Unter den sekundären Pflanzenstoffen wie den Bioflavonoiden, so vermutet man heute, sind Krebs hemmende Substanzen und solche, die bei Bluthochdruck, Allergien und zu hohen Blutfettwerten helfen können.

4. Desodorierung

Zum Schluss werden alle Geruchsstoffe beseitigt, indem das Öl mit Wasserdampf im Vakuum bei 220 bis 240 °C behandelt wird. Die hohen Temperaturen zerstören wie bei der Entsäuerung viele Vitamine.

Ein raffiniertes Öl hat auch Vorteile gegenüber einem kaltgepressten. Es ist haltbarer, kann länger gelagert werden und eignet sich besser zum Kochen, Backen, Frittieren sowie Braten, da es höhere Temperaturen sozusagen gewohnt ist und nicht so leicht anfängt zu rauchen.

Öle als Heilmittel

Pflanzliche Körperpflege von innen und außen.

»Eure Nahrungsmittel sollten Heilmittel und eure Heilmittel sollten Nahrungsmittel sein«, lehrte schon vor etwa 2 400 Jahren der Grieche Hippokrates, der als bedeutendster Arzt des Altertums und Begründer der wissenschaftlichen Heilkunde gilt. Seine medizinischen Therapien gründeten in erster Linie darauf, dass ein geschwächter Körper durch die richtige Ernährung und Lebensweise gestärkt, die Selbstheilungskräfte angekurbelt und so schließlich die Genesung herbeigeführt wird.

Innerliche Anwendungsmöglichkeiten

Naturreine Pflanzenöle spielen bei diesem Prozess eine bedeutende Rolle. Erstens, weil sie das Immunsystem stärken, die Blutzirkulation und den Stoffwechsel positiv beeinflussen und eine antioxidative Wirkung im Organismus entfalten, was vorzeitigem Altern und mancherlei Krankheiten bis hin zu Tumorbildungen vorbeugt. Zum Zweiten sind Öle bei bestimmten Erkrankungen ganz gezielt als Therapeutikum einsetzbar. Durch die mehrfach ungesättigten Fettsäuren und eine Reihe anderer Wirkstoffe wurden u. a. Heilungserfolge bei rheumatischen Krankheiten, Störungen im Magen-Darm-Trakt, Beschwerden mit Leber und Gallenblase, chronischen Hauterkrankungen und depressiven Verstimmungen erzielt. Die Therapie besteht meist darin, täglich ein bis zwei Esslöffel eines Öls über einen längeren Zeitraum einzunehmen. Wem das nicht schmeckt, der kann Rohkost, Salate, Suppen, Desserts etc. mit einem Öl verfeinern. In dieser Form mundet die »Medizin« dann richtig gut.

Pflanzenöle sind natürliche Pflegemittel und hautfreundliche Massageöle, die eine Austrocknung der Haut nach einer Dusche oder einem Bad verhindern. Mit ätherischen Ölen versetzt, beruhigen oder beleben sie Seele und Körper.

Äußerliche Heilanwendungen

Auch die äußerlichen Anwendungsmöglichkeiten für verschiedene Öle, wie sie von der Volksmedizin und in alten Hausrezepten überliefert wurden, sind äußerst vielfältig. Gemäß dem Ausspruch des römischen Schriftstellers Plinius: »Zwei Flüssigkeiten sind es, die dem menschlichen Körper vorzüglich behagen: inwendig Wein und äußerlich Öl«. Der aus der Steiermark stammende Schriftsteller Reinhard P. Gruber hat diese Sentenz übrigens abgewandelt in »Zwei Säfte sind es, die dem steirischen Menschen angenehm sind: innerlich Wein und dazu nochmals innerlich Öl«.

Wichtiger Hinweis: Wer unter ernsthaften und/oder langfristigen Beschwerden leidet, sollte nicht versuchen, sich auf eigene Faust mit einer Ölkur zu kurieren, sondern auf jeden Fall zuerst seinen Arzt oder Heilpraktiker konsultieren.

Borretschöl

Die Borretschpflanze (Borrago officinalis) ist auch unter der Bezeichnung »Gurkenkraut« oder »Gurkenkönig« bekannt, da sich das Kraut der Pflanze gut zum Einlegen von Gurken, zum Würzen von Salaten und Gemüsen eignet.

Herkunft: Ihre ursprüngliche Heimat ist Kleinasien. Heute gedeiht sie weltweit. Das Öl wird durch Pressung der Samen der Borretschpflanze gewonnen.

Eigenschaften: Borretsch gilt von alters her als Heilpflanze für Leib und Seele. Das Blattgewächs soll den Stoffwechsel und die Hormonproduktion anregen und stimmungsaufhellend wirken.

Borretschöl in der Naturheilkunde

▶ Borretschöl zeichnet sich durch einen besonders hohen Anteil an Gamma-Linolensäure (24 Prozent) aus. Diese dreifach ungesättigte Fettsäure erleichtert dem Organismus die Bildung von Prostaglandinen, die für viele Organfunktionen von Bedeutung sind. Sie haben einen positiven Einfluss auf das Immunsystem und vielerlei Stoffwechselvorgänge, auf den Blutkreislauf und die Haut.

▶ Neueste Forschungen haben ergeben, dass bei vielen Patienten, die unter Neurodermitis und anderen chronischen Hauterkrankungen leiden, die körpereigene Bildung der Gamma-Linolensäure gestört ist.

In der Naturarznei verwendet man Borretschtee gegen Husten und Erkältungen. Zudem ist er schweißtreibend. Seine Blüten sind auch als Zutat für Sommerbowlen bekannt.

Führt man sie mit der Nahrung zu, kann eine Besserung der Symptome erzielt werden. Wegen dieser Heilerfolge wird konzentriertes Borretschöl in Reformhäusern und Drogerien in Kapselform angeboten.

▶ Borretschöl hat sich auch als pflanzliches Antidepressivum bewährt, insbesondere bei hormonell bedingten depressiven Verstimmungen im Wochenbett, in den Wechseljahren oder vor der Periode, die möglicherweise ebenfalls auf einem Mangel an Gamma-Linolensäure beruhen. Eine hohe Konzentration dieser mehrfach ungesättigten Fettsäure findet sich übrigens auch in der Muttermilch. Diese Tatsache beweist, wie wichtig diese essenzielle Fettsäure für das Neugeborene ist.

▶ Auch in Hanföl (drei Prozent) und im Nachtkerzenöl (zehn Prozent) findet sich die Gamma-Linolensäure. Beide Öle sind daher auch zur Behandlung von Neurodermitis und chronischen Hauterkrankungen geeignet. Man nimmt täglich ein bis zwei Esslöffel des Öls mit der Nahrung auf und kann auch juckende Hautstellen damit einreiben. Hanföl besitzt außerdem schmerzlindernde Effekte und lässt Entzündungen schneller abklingen. Nachtkerzenöl ist ein gutes Therapeutikum zur Behandlung der körperlichen und seelischen Beschwerden des prämenstruellen Syndroms (PMS) sowie anderer hormonell bedingter Verstimmungen.

Um einem Mangel an mehrfach ungesättigten, essenziellen Fettsäuren vorzubeugen, sollten Erwachsene täglich etwa zehn Gramm zu sich nehmen. Das sind beispielsweise drei Teelöffel Distel(Saflor)-, Soja- oder Sonnenblumenöl.

Distelöl

Distelöl wird aus den Samen der Saflorpflanze (Carthamus tinctoris L.) gewonnen. Früher wurde die Pflanze zur Farbgewinnung genutzt. Aus den erst gelben, dann roten Blüten stellte man die Farbstoffe Saflorgelb und Spanischrot her. Darauf beziehen sich noch ihre volkstümlichen Namen »Färberdistel« und »falscher Safran«. Das Wort »Saflor« stammt übrigens von Safran, ebenfalls einem starken gelben Farbstoff, und von »Flor« für Blüte.

Die Saflorpflanze zählt wie die Sonnenblume zur Familie der Korbblütler und wird bis zu 1,20 Meter hoch. Ihre Früchte sind so genannte Achänen, die einsamigen Nussfrüchte der Korbblütler, die ca. acht mal vier Zentimeter groß und von einer kräftigen Schale umschlossen sind. Aus ihren Samen wird das gesunde Pflanzenöl gewonnen.

Herkunft: Heimat der Distelpflanze sind der Nahe Osten, Indien, Japan und der Mittelmeerraum. Die größten Anbaugebiete liegen heute in Nord- und Südamerika sowie in Australien.

Eigenschaften: Ein kaltgepresstes, naturbelassenes Distelöl ist von goldgelber Farbe und schmeckt leicht nussig. Es eignet sich für Rohkost, Salate, Mayonnaisen, aber auch zum Dünsten, Kochen und Kurzbraten. Da Distelöl nur Spuren von Linolensäure (unter 0,2 Prozent) aufweist, ist es sehr gut haltbar und wird daher zur Herstellung von Margarine und Mayonnaise verwendet.

Distelöl in der Naturheilkunde

▶ Distelöl hat in den letzten Jahrzehnten weltweit an Bedeutung zugenommen, vor allem wegen des sehr hohen Gehalts an zweifach ungesättigten Fettsäuren (75 bis 80 Prozent). Es ist darin Spitzenreiter unter den Ölen und vor allem geeignet, um einen erhöhten Cholesterinspiegel zu senken und Arteriosklerose vorzubeugen.

▶ Das Öl enthält außerdem reichlich Vitamin E (75 Milligramm pro 100 Milliliter). Das schützt vor vorzeitigen Alterserscheinungen und anderen oxidativen Prozessen auf der Ebene des Zellgeschehens.

Äußerliche Anwendung: Distelöl ist geeignet zur Herstellung von Cremes und Körperpflegemitteln (siehe Kapitel »Ölanwendungen«, Seite 76).

Erdnussöl

Erst wenn der Erdnussstrauch verblüht ist, werden die Fruchtstiele immer länger und durchbohren schließlich den Boden. Im Erdreich reifen dann die fett- und eiweißreichen Früchte, die Erdnüsse (Arachis hypogaea), heran. Ihre holzigen Hülsen müssen vor der Ölverarbeitung entfernt werden. Erdnüsse sind übrigens keine Nüsse, sondern Hülsenfrüchte. Andere Bezeichnungen in Europa waren »Erdmandel«, »Erdeichel« oder »Aschantinuss«.

Im Jahre 1524 erwähnt der Spanier Fernandez de Orviedo die klappernde Nuss aus Südamerika das erste Mal. Die Indianer kultivierten sie dort bereits vor 3000 Jahren und nannten sie mani.

Herkunft: Die Erdnusspflanze stammt ursprünglich aus Zentralbrasilien. Heute werden die Sträucher in großem Stil in Indien, China, West- und Mittelafrika sowie in den USA angebaut.

Eigenschaften: Erdnussöl ist oxidationsbeständig, d.h., es wird nicht leicht ranzig. Außerdem ist es hitzestabil und daher auch zum Frittieren und Kochen geeignet. Die für Erdnussöl typischen Arachin-, Behen- und Lignocerinsäuren bewirken bei niedrigen Temperaturen (unter 13 °C) eine Trübung und Verdickung. (Was allerdings die Ölqualität nicht beeinträchtigt und sich durch kurzes Erwärmen beseitigen lässt.) Das Öl soll aus diesem Grund nicht im Kühlschrank aufbewahrt werden. Erdnussöl mit dem typischen Erdnussgeschmack harmoniert zu Salaten, Rohkost und verfeinert Gerichte der fernöstlichen Küche.

Erdnussöl in der Naturheilkunde

▶ Erdnussöl ist reich an einfach und zweifach ungesättigten Fettsäuren und daher zur Senkung des Cholesterinspiegels und zur Arteriosklerosevorbeugung geeignet.

▶ Die Verwendung von Erdnussöl in der Küche ist außerdem angezeigt bei Hautproblemen, Herz-Kreislauf-Erkrankungen sowie bei Stoffwechselstörungen.

▶ Viele bevorzugen Erdnussöl wegen seines guten Geschmacks für die Ölziehkur.

Äußerliche Anwendung: Reines Erdnussöl lässt sich gut für die Selbstherstellung von pflegenden Cremes, Massageölen und Packungen verwenden. Es zieht gut in die Haut ein und ist lange haltbar (siehe Kapitel »Ölanwendungen«, Seite 76).

Haselnussöl

Das milde, angenehm nussig schmeckende Haselnussöl findet hauptsächlich in der feinen kalten Küche Verwendung. Da es sehr empfindlich ist und schnell ranzig wird, sollte man nur kleine Mengen kaufen.

Herkunft: Haselnüsse zählten vor ca. 8 000 Jahren zu den bedeutendsten Nahrungsmitteln in Europa. Man nennt diese Epoche auch die Haselzeit. Haselnüsse kann man als Knabberkerne oder in Müslis verzehren, sie tauchen in Broten und Backwaren auf, sind die Basis von Süßigkeiten (Nougat, Krokant), Nusscreme, Nusslikör, Speiseeis und natürlich von feinem Nussöl. Haselnussöl gilt als Kostbarkeit unter den Ölen. Ausgangsprodukt des Öls ist die Haselnuss (corylus avellana), die einzige echte Nuss mit dem Ursprungsland Europa. Heute wird das Speiseöl vorwiegend in Süd- und Mitteleuropa sowie in Kleinasien gewonnen.

Eigenschaften: Vor dem Pressen werden die Früchte bei 70 °C etwa 15 Minuten lang geröstet. Daher der unverwechselbare Geschmack, der in Vollwertgerichten und Salaten besonders gut zur Geltung kommt. Das allerdings nur begrenzt haltbare Öl ist auch für Desserts wie Crepes und Obstsalate gut geeignet.

Haselnussöl in der Naturheilkunde

▶ Im Ayurveda wird Haselnüssen und dem daraus gewonnenen Öl eine Stärkung der Sexualkräfte nachgesagt. Auch im europäischen Raum galten sie früher als Aphrodisiakum. Hildegard von Bingen meinte sogar: »Der Haselbaum ist ein Sinnbild der Wollust.«

▶ Andere Heilkundige empfahlen Haselnüsse dagegen jahrhundertelang als Heilmittel bei Bleichsucht und Blutarmut, was auf den hohen Gehalt an Enzymen, Mineralstoffen (u. a. Mangan, Schwefel, Eisen) und B-Vitaminen zurückzuführen ist.

▶ Haselnüsse und das daraus gewonnene Öl gelten als lungenstärkend und Auswurf fördernd, sollen also bei Husten Linderung verschaffen.

▶ Haselnüsse haben eine blutdrucksteigernde Wirkung.

Äußerliche Anwendung: Haselnussöl ist beliebter Zusatz in Cremes, Lippenstiften, Massage- und Badeölen. Es dient der allgemeinen Hautpflege und wird wegen seines angenehmen Dufts geschätzt.

Kürbiskernöl

Kürbisse zählen zu den Beerenfrüchten. Die Früchte, die mehrere hundert Kilogramm schwer werden können, sind die größten und schwersten in der Pflanzenwelt. Der spezielle Ölkürbis (Cucurbita pepo) ist eine Sonderzüchtung; er enthält wenig Fruchtfleisch und viele ergiebige Ölkerne.

In Speisekürbis und dessen Kernöl sind zahlreiche Wirksubstanzen nachgewiesen worden: Neben einem hohe Selen-, Vitamin-E- und Zitrullengehalt sind es hohe Anteile an Kupfer, Magnesium, Mangan, Jod, Fluor und essenzieller Linolsäure.

Herkunft: Die ursprüngliche Heimat des Kürbisses ist das tropische Amerika. Heute erfolgt der Anbau vor allem in Ungarn, dem ehemaligen Jugoslawien und Südrussland. Ein besonders hochwertiges Kernöl kommt aus Österreich, speziell der Steiermark. Es wird aus schalenlosen Kernen gewonnen, die leichter auspressbar und sehr ergiebig sind. Die Kerne werden vor dem Pressen geröstet, was den unverkennbaren nussigen und intensiven Geschmack erzeugt.

Eigenschaften: Kürbiskernöl zeichnet sich durch seine grüne Farbe und die dickflüssige Konsistenz aus. Es rundet alle grünen Salate, würzige Saucen, Mayonnaisen und pikante Salate (Kartoffel-, Wurst-, Fleisch-, Eiersalate) ab. Seiner wertvollen Inhaltsstoffe wegen sollte es nur kalt verwendet werden.

> Kürbiskernöl eignet sich wie alle Pflanzenfette zur Rückfettung der Haut. Daher ist es besonders zur Pflege trockener und reifer Haut geeignet. Durch Zugabe ätherischer Öle erzielen Sie eine persönliche Duftnote.

Kürbiskernöl in der Naturheilkunde

▶ In der Volksmedizin wird das Kernöl seit jeher zur Vorbeugung und als Heilmittel bei Blasen- und Nierenleiden sowie Prostatabeschwerden geschätzt. Die Wirkstoffe der Kürbissamen normalisieren und kräftigen die Muskulatur der Blase und können (gutartigen) Prostatavergrößerungen entgegenwirken. Beschwerden beim Wasserlassen werden damit erfolgreich behandelt. Kürbiskerne und das Öl wirken harntreibend, krampflösend und entzündungshemmend.

▶ Eine im Öl enthaltene seltene Aminosäure, das Cucurbitin, ist ein sanftes Therapeutikum gegen Bandwürmer, das besonders empfohlen wird, wenn der Körper aufgrund einer Krankheit geschwächt ist und nicht zusätzlich durch Medikamente belastet werden soll.

▶ Viele Vitamine und Mineralstoffe im Kernöl entwässern, wirken nervenstärkend, kräftigen Muskeln und Bindegewebe und normalisieren ganz allgemein den Zellstoffwechsel.

Äußerliche Anwendung: Massagen und Einreibungen mit Kürbiskernöl wirken schmerzlindernd bei Kopf- und Rückenschmerzen, Muskelkater, Hexenschuss, Verspannungen und rheumatischen Beschwerden. Für ein Massageöl verrührt man 100 Milliliter Kernöl mit je 50 Milliliter Distelöl und Olivenöl. Die Zugabe von einigen Tropfen eines ätherischen Öls nach Wahl verschafft dem Gemisch eine besondere Duftnote.

Leinöl

Leinöl wird aus den Samen der Leinpflanze (Linum usitatissimum) gewonnen. Linum usitatissimum heißt auf Deutsch »viel gebrauchtes Lein«. Das ist ein Hinweis auf die vielseitige Verwendbarkeit der Pflanze als Textilfaser, Anstrichfarbe, Holzpflegemittel und Speiseöl.

Herkunft: Lein (aus dem Keltischen: lin = Faden), auch Flachs genannt, ist eine der ältesten heimischen Kulturpflanzen. Hauptanbaugebiete sind heute Argentinien, USA und die ehemalige Sowjetunion.

Eigenschaften: Aus den blauen Blüten der Leinpflanze entwickeln sich die Fruchtknoten und schließlich runde Kapseln mit ölhaltigen braunen Samenkörnern. Das Öl hat einen leicht bitteren Eigengeschmack, ist von dunkelgelber Farbe und wird nur durch Kaltpressung gewonnen. Wegen des hohen Gehalts an Alpha-Linolensäure ist es nur begrenzt haltbar und sollte innerhalb von drei bis sechs Wochen verbraucht werden. Am besten immer nur kleine Mengen einkaufen. Leinöl sollte möglichst der kalten Küche vorbehalten bleiben und heiße Speisen erst nach der Zubereitung zugegeben werden.

Leinöl in der Naturheilkunde

▶ Leinöl enthält von allen Ölen mit Abstand den höchsten Anteil an lebenswichtigen dreifach ungesättigten Fettsäuren (Linolensäuren oder Omega-3-Fettsäuren). Sie sind unerlässlich für die Bildung von Gewebehormonen (Prostaglandinen), den Transport von Sauerstoff und seine Verwertung in den Zellmembranen.

▶ Leinöl ist reich an wertvollen Fettbegleitstoffen wie z.B. Lezithin und Schleimstoffen. Das Lezithin ist für den Zellstoffwechsel unentbehrlich und eine wichtige Nervennahrung.

▶ Die Schleimstoffe wirken sich bei Magen-Darm-Erkrankungen günstig aus. Die leicht abführende Wirkung des Leinsamens wird durch diese Schleimstoffe hervorgerufen. Auch das Öl aus der Leinsaat ist ein mildes und doch wirksames Stuhlregulierungsmittel, das Fäulnis- und Gärungsprozessen im Darm entgegenwirkt.

▶ In der Volksmedizin wird Leinöl außerdem bei Asthma, Husten, Heiserkeit und Bronchialkatarrh sowie bei Gallensteinen empfohlen.

Bereits im Mittelalter wurde Leinsamenöl in Deutschland gewonnen. Jedoch wurde es wegen seines strengen Geschmacks nur in Notzeiten als Nahrungsmittel verwendet. Das heutige Reformöl ist geschmacksneutral und wegen seiner Inhaltsstoffe besonders zu empfehlen.

▶ Bei einer Gallenkolik verordnen manche Heilpraktiker ein bis drei Esslöffel des Öls.

▶ Eine mehrtägige Diät auf der Basis von Leinölquark mit Pellkartoffeln empfiehlt sich ganz allgemein zur Entschlackung und als Reduktionskost, ebenso bei Verdauungsproblemen und Magenbeschwerden und Funktionsstörungen von Leber und Gallenblase (siehe Kapitel »Preiswerte Alltagsgerichte«, Seite 92f.).

Äußerliche Anwendung: Leinöl trägt man äußerlich auf bei rauen Händen, Hautschrunden, abklingender Schuppenflechte, trockenen Hautausschlägen und bei Gürtelrose (Herpes zoster). Das Öl lindert den Juckreiz und beschleunigt den Heilungsprozess. Ein Leinölumschlag, der über Nacht einwirken muss, gilt als altes Hausmittel bei Krampfadern. Auch Furunkel und Abszesse sollen dadurch rascher abheilen. Man mischt einen Esslöffel zerriebene Leinsamen mit etwas Leinöl und trägt dies auf die betroffene Stelle auf. Mit einer Mullbinde oder einem Tuch über Nacht locker abdecken. Auch Hühneraugen und Warzen sollen verschwinden, wenn man sie über einen längeren Zeitraum zweimal täglich mit Leinöl bepinselt.

Maiskeimöl

Maiskeimöl wird nahezu ausschließlich für die menschliche Ernährung als Speiseöl für das Kochen, Backen und Braten hergestellt.

Herkunft: Die Maispflanze (Zea mays) wird seit gut 3 000 Jahren angebaut. Ihre Ursprungsländer sind vermutlich Mexiko und Peru. Bohnen und Mais waren für die indianische Bevölkerung lange Zeit die wichtigsten Grundnahrungsmittel. Nach der Entdeckung Amerikas kam der Mais nach Europa und Afrika. Hauptanbaugebiete sind heute USA, Indien, Südafrika und die ehemalige Sowjetunion.

Eigenschaften: Das Öl wird aus den fettreichen Maiskeimlingen, den weißen Trieben an den Maiskörnern, gewonnen. Die Keimlinge enthalten das seltene Vitamin K, das wichtig für die Blutgerinnung ist. Zudem verfügen sie über reichlich Mineralstoffe, Kalium, Kalzium, Phosphor, Eisen, Fluor, Magnesium, Natrium, Kieselsäure und Selen. Das Maiskeimöl ist reich an Lezithin und anderen bedeutsamen Fettbegleitstoffen. Wegen des hohen Anteils an antioxidativ wirkendem Vitamin E ist es sehr gut haltbar. Das Maiskeimöl hat einen intensiven, eigenwilligen Geschmack und wird daher oft raffiniert (hellgelb) angeboten. Wem der Geschmack des kaltgepressten Öls (goldgelb) zu dominant ist, der kann es mit anderen Ölen wie Distel- oder Sojaöl mischen. Es passt gut in Getreidegerichte (Grünkern), Gemüsesalate (Zucchini), zum Kochen, Backen und Braten.

Maiskeimöl in der Naturheilkunde

▶ Dem Maiskeimöl wird in der Volksmedizin eine Heilwirkung bei Heuschnupfen, Asthma und Migräne zugeschrieben. Wer unter einer dieser chronischen Erkrankungen leidet, soll ein- bis dreimal täglich einen Esslöffel Maiskeimöl entweder pur zu sich nehmen oder ihn kalt den Speisen bzw. einem Glas Gemüsesaft beifügen.

▶ Die gleiche Behandlung soll etwa einen Monat lang derjenige durchführen, der unter körnigen Rändern an den Augenlidern leidet.

▶ Zweimal täglich einen Esslöffel Maiskeimöl eingenommen, lässt trockene, schuppige Hautausschläge leichter abheilen. Zusätzlich reiben Sie die betroffenen Hautstellen damit ein.

▶ Wer regelmäßig in der Küche Maiskeimöl verwendet, tut das Beste für brüchige Haare und gegen Haarschuppen.

Schon Kolumbus war von der Maispflanze und seiner heilenden Wirkung sehr beeindruckt: Mais als Nahrungsmittel unterstützt das Knochenwachstum, und die Blätter eignen sich als Verband für entzündete Stellen und Wunden, weil sie das Gift herausziehen.

Im Andenraum und in Mittelamerika ist Mais immer noch Grundnahrungsmittel vieler Menschen. Dort wird aus Mais neben Öl, Haupt- und Süßspeisen auch das berauschende Getränk Chicha hergestellt.

Äußerliche Anwendung: Eine Haarpackung mit warmem Mais-keimöl ein- bis zweimal im Monat verstärkt diese Wirkung für gesunde Haare. Das Öl erwärmen, auf Haare und Kopfhaut auftragen und eine Weile, am besten über Nacht, einwirken lassen. Das Kopfkissen dann mit einem großen Frottiertuch abdecken. Anschließend die Haare mit Babyshampoo zweimal waschen. Diese schonende Ölhaar-wäsche macht jedes Haar wunderbar weich und glänzend.

Als Grundlage für Körper- und Massageöle eignen sich am besten kalt-gepresste fette Öle wie Mandel-, Weizenkeim- oder Jojobaöl, die mit ätherischen Ölen gemischt werden.

Mandelöl

Mandelöl ist normalerweise ein Gemisch aus den Ölen zweier Man-delsorten, der Süßmandel (Prunus amygdalus var. dulcis) und der Bit-termandel (Prunus amygdalus var. amara). Häufig wird Mandelöl aber auch ausschließlich aus Süßmandeln gepresst.

Herkunft: Mandelbäume pflanzte man früher auch in Deutschland an, heute vorwiegend in Südeuropa, Marokko, dem Iran und Kalifornien. Mandelöl enthält viel Vitamin A, B und E sowie die Mineralstoffe Kali-um, Phosphor, Kalzium, Magnesium, Schwefel, Natrium und Eisen.

Eigenschaften: Die Farbskala des Öls reicht von Hell- bis Dunkelgelb. Es ist von angenehmem Geruch und süßlichem Geschmack. Mandelöl verfeinert Süßigkeiten, Desserts und Obstsalate sowie Feinschmecker-gerichte. Es ist sehr gut haltbar und lässt sich hervorragend mit ätheri-schen Ölen mischen.

Mandelöl in der Naturheilkunde

▶ Pfarrer Kneipp befand, dass süßes Mandelöl »unter den Ölen der Hausapotheke einen der ersten Plätze einnehmen solle. Es wirkt bei verschiedenen Leiden und Gebrechen, innerlichen wie äußerlichen, lindernd, kühlend, lösend.«

▶ Bei Verschleimungen der Bronchien, Appetitmangel, Magenbe-schwerden und Verdauungsstörungen sowie bei Entzündungen, insbe-sondere Lungenentzündung, riet er, täglich drei bis vier Teelöffel Man-delöl einzunehmen. Auch als Abführmittel bei Kindern leistet es gute Dienste.

Äußerliche Anwendung: Bei Ohrenschmerzen, die durch Zugluft oder Erkältung hervorgerufen werden, bei Ohrensausen und verhärtetem Ohrenschmalz empfahl Pfarrer Kneipp, sechs bis acht Tropfen Mandelöl in das Ohr zu tropfen und es mit etwas Watte zu verstopfen. Das wirke schmerzstillend und pfropflösend. Für Prellungen, Blutergüsse und gerötete Stellen infolge Wundliegens empfahl er regelmäßige Einreibungen mit Mandelöl. Mandelöl ist auch ein hervorragendes Hautpflegemittel für trockene, empfindliche reife Haut und natürlich für ganz junge Babyhaut. Auf der Basis des Mandelöls kann man Pflegepräparate leicht selbst anrühren. Mandelöl ist hautverträglich und zieht gut in die Haut ein. Es glättet Falten und spröde Hautstellen. In Präparaten zur Hautpflege wird stets süßes Mandelöl benutzt, das man in Apotheken und Reformhäusern erhält. Es wird auch industriell für kosmetische und pharmazeutische Erzeugnisse, für Bade- und Massageöle verwendet.

Olivenöl

Herkunft: Olivenöl wird aus den reifen Früchten des immergrünen Olivenbaums bzw. Ölbaums (Olea europaea) gewonnen. Der knorrige Olivenbaum kann bis zehn Meter Höhe und fünf Meter Umfang erreichen. Die ersten Früchte, kleine ovale Steinfrüchte, bringt er erstmals nach 10 bis 15 Jahren hervor. Zwischen dem 25. und 100. Lebensjahr ist er am ertragreichsten. Es gibt Exemplare, die erwiesenermaßen weit über 1000 Jahre alt sind. Im Garten Gethsemane, am Fuß des Ölbergs bei Jerusalem, sollen fünf Ölbäume stehen, die schon Zeugen der Gefangennahme Jesu waren.

Die Ölgewinnung ist im Prinzip seit Jahrtausenden gleich. Die Oliven werden zerkleinert, geknetet und gepresst. Native oder vergine Öle nennt man Öle allererster Güte, die nur durch mechanische Verfahren, ohne jegliche chemische Behandlung gewonnen werden.

Eigenschaften: Olivenöl ist dickflüssig, von gelb- bis dunkelgrüner Farbe und enthält das fein-fruchtige Aroma der Oliven. Es ist vielseitig verwendbar für Salate, Saucen und alle Nudelgerichte. Es passt zu me-

Olivenölkenner geben ein paar Tropfen Öl auf die Handfläche und reiben die Hände aneinander. Nun prüfen sie durch Schnuppern das Aroma des Öls. Die verschiedenen Sorten von Oliven bieten ein breites Geschmacksspektrum, das von weich, elegant, über fruchtig bis zu kräftig und herb reicht.

diterranen Kräutern (Salbei, Basilikum, Oregano etc.), zu Fisch und Fleisch, zum Einlegen von Käse, Knoblauch und Gemüse. Die mediterrane Küche ist ohne Olivenöl eigentlich gar nicht denkbar. Wegen des hohen Anteils an einfach ungesättigten Fettsäuren ist es im Gegensatz zu anderen Vollwertölen auch zum Erhitzen geeignet. Es sollte aber nicht den Rauchpunkt (um 180 °C) erreichen.

Wenn Sie Olivenöle zum Braten verwenden, achten Sie darauf, dass Sie kein Spitzenöl der ersten Pressung benutzen. Denn die Fruchtfäden und mineralischen Bestandteile verbrennen sehr schnell und beginnen zu qualmen. Braten Sie mit Ölen zweiter oder dritter Pressung bei mittlerer Hitze.

Olivenöl in der Naturheilkunde

▶ Olivenbauern halten ihr Öl für das gesündeste Öl der Welt. Tatsache ist, dass in den Ländern rund ums Mittelmeer, wo fast ausschließlich mit Olivenöl gekocht wird, Herz-Kreislauf-Erkrankungen seltener vorkommen als in Deutschland. Kreta hat beispielsweise die niedrigste Herzinfarktrate ganz Europas. Das liegt aller Wahrscheinlichkeit nach an der cholesterinsenkenden Eigenschaft des Olivenöls, die nach neuesten Forschungen auf den hohen Anteil an einfach ungesättigten Fettsäuren (78 Prozent) zurückzuführen ist. Auch wenn viele Experten noch uneinig sind, welche Art der ungesättigten Fettsäuren, die einfach-, zweifach- oder mehrfach ungesättigten, den stärksten cholesterinsenkenden Effekt entfalten, ist die positive Wirkung der ungesättigten Fettsäuren an sich unstrittig. Für Olivenöl hat sich das in epidemiologischen Untersuchungen erwiesen. Auch wenn die Fettsäuren dieses Öls vorwiegend nur aus einfach ungesättigten Fettsäuren bestehen. Sie bewirken eine Senkung des »bösen« LDL-Cholesterins im Blut, das zu fett- und cholesterinreichen Ablagerungen innerhalb der Gefäße führen kann. Zusätzlich erhöhen sie die HDL-Werte des Bluts,

Kur mit Olivenöl

Eine Olivenölkur ist ein ausgezeichnetes Entschlackungsmittel für Leber und Gallenblase.

▶ Man nimmt 14 Tage lang morgens auf nüchternen Magen ein bis zwei Esslöffel bestes kaltgepresstes Olivenöl.

▶ Zur Geschmacksverbesserung kann man pro Löffel ein bis zwei Tropfen Zitronensaft hinzugeben.

▶ Um eine nachhaltige Wirkung zu erzielen, macht man diese Kur mehrmals im Jahr.

die »guten« Cholesterinwerte. Hohe HDL-Werte sorgen dafür, dass Cholesterin von den Arterienwänden entfernt und zur Leber abgeleitet wird. Kochen mit Olivenöl beugt damit hohem Blutdruck, Herz- und Kreislauferkrankungen sowie der allgemeinen Zivilisationskrankheit Arteriosklerose wirksam vor. Das betont auch der international anerkannte Kardiologe und Buchautor Dr. Ross Walker. Voraussetzung dafür ist allerdings, dass man das Öl über einen längeren Zeitraum – möglichst anstelle tierischer Fette – konsumiert.

Innerliche Anwendung: Olivenöl ist erfahrungsgemäß ein traditionelles Heilmittel für Leber und Gallenblase. Es fördert die Gallensekretion und wirkt dadurch verdauungsanregend. Es sollte daher bei Stoffwechselstörungen der Leber regelmäßig in der Küche zum Einsatz kommen. Pfarrer Kneipp verordnete sieben Tage lang den Genuss von 75 Gramm Olivenöl täglich, um Gallensteine abzutreiben. Bei einer Gallenkolik sollten, bis der Arzt eintrifft, jede Stunde zwei bis drei Esslöffel Olivenöl eingenommen werden.

▶ Olivenöl ist leicht verdaulich und beugt Sodbrennen vor.

▶ Der regelmäßige Genuss von Olivenöl soll darüber hinaus den Alterungsprozess verzögern und der Entstehung von Brustkrebs vorbeugen.

▶ In der indischen Ernährungswissenschaft, dem Ayurveda, wird Olivenöl wegen des hohen Gehalts an Vitamin A bei Mangelerscheinungen empfohlen, die sich in Form von Nachtblindheit, Rachitis und Schleimhauterkrankungen äußern.

▶ Olivenöl gilt auch als Mittel gegen Schnupfen und Bronchitis.

▶ Olivenöl befreit die Mundschleimhäute von eingeatmeten Lösungsmitteln. Nach dem Hantieren mit Lack und Farbe ist es ratsam, den Mund mit etwas Olivenöl etwa eine Minute auszuspülen.

▶ Seine Verwendung in der Küche wird zusätzlich zur äußerlichen Anwendung bei rheumatischen Beschwerden empfohlen.

Äußerliche Anwendung: Schon in der Antike bereiteten Griechen und Römer heilende und pflegende Salben aus Olivenöl, Bienenwachs und Kräuteressenzen zu. Mit einer Wund- und Heilsalbe auf der Basis des Olivenöls stillte man Blutungen, man trug sie auf gegen Juckreiz, bei Verbrennungen, Hautkrankheiten, Kopfschmerzen, Gicht und Erschöpfungszuständen. Ganzkörpermassagen mit Olivenöl dienten der

Den alten Griechen diente das Olivenöl zu unterschiedlichen Zwecken. Aus der ersten Pressung stammte das Speiseöl, die zweite Pressung diente zur Herstellung von Salben und die dritte als Beleuchtungsmittel.

Belebung und auch zur Hautpflege. Olivenöl ist heute noch die Basis vieler Massageöle. Es hat desinfizierende und heilende Eigenschaften.

▶ Die Volksheilkunde empfiehlt, bei Ischiasschmerzen, bei Sehnenscheidenentzündung und rheumatischen Beschwerden die schmerzenden Stellen mit Olivenöl einzureiben. Der Erfahrung nach lassen Olivenöleinreibungen auch Brüche und Entzündungen schneller abheilen. Lassen Sie das Öl eine Zeit lang einziehen und tupfen den Überschuss ab.

▶ Umschläge mit Olivenöl und Knoblauch werden in Italien bis heute bei Abszessen und Furunkeln, Nervenschmerzen und Verstauchungen angewendet.

▶ Eine Mischung aus Wein und Olivenöl ist in Italien ein bewährtes Hausmittel, das man bei Verbrennungen ersten Grades über die Wunde gießt. Es fördert die Heilung und soll bewirken, dass keine oder nur kleine Narben zurückbleiben.

▶ Regelmäßiges Einpinseln mit Olivenöl soll Narben schneller abheilen lassen.

▶ Gegen Schuppen hilft es, wenn man das Öl regelmäßig in die Kopfhaut einmassiert.

▶ Olivenöl beugt der Austrocknung der Haut und damit Fältchenbildung vor. Olivenölbäder sind daher traditionelle Schönheitsbäder. Für kosmetische Zwecke ist das billigere Salatöl jedoch nicht geeignet.

> Bei der Olivenölernte wird der Baum nicht gerüttelt, da die Stämme und Äste darunter leiden könnten. Stattdessen recht man die Oliven in mühseliger Handarbeit von den Zweigen und fängt sie in Tüchern oder Netzen auf. Bei ganz edlen Ölen werden die Oliven sogar handverlesen.

Rezepturen mit Olivenöl der Hildegard von Bingen

In mancherlei Heilanwendungen der Klosterfrau Hildegard von Bingen (1098–1179) ist ebenfalls Olivenöl enthalten: »Das Öl, aus der Frucht des Ölbaumes gepresst, … nützt für sehr viele Medikamente.«

▶ Bei eitrigen Entzündungen und Abszessen, die noch nicht geöffnet sind, empfahl sie quasi als »Zugpflaster« die Auflage eines Leinentuchs, das in Bienenwachs getaucht und mit Olivenöl beträufelt wird. »Dadurch wird das Geschwür leichter erweicht und bricht mit weniger Schmerzen auf, die Säfte werden herausgefördert.«

▶ Zur Wundreinigung und bei Geschwüren verwendete sie Ölwein, ein Gemisch aus gutem Wein und reinem Olivenöl. Bei größeren Wun-

Die Öldiagnose

Von manchen Heilpraktikern und Ärzten für Naturheilverfahren wird ein Öltest mit Olivenöl empfohlen, um eine gestellte Diagnose zu untermauern. Man reibt den Körperbereich, an dem eine Entzündung, ein Bruch oder eine Verstauchung angenommen wird, mit Olivenöl ab, z. B. Lunge, Nieren, Gliedmaßen oder die Wirbelsäule. Wenn nun mit einem Tuch kräftig nachgerieben wird, sollen die erkrankten Bereiche stärker gerötet sein als die gesunden Körperpartien.

den wird der Ölwein erwärmt (37 bis 40 °C) und zwei Leinentücher damit getränkt. Mit dem ersten säubert man die Wunde. Das zweite legt man als Kompresse auf die Wunde und verbindet sie anschließend. Bei kleinen Wunden rät sie, kalten Ölwein zu verwenden.

▶ Bei rheumatischen Erkrankungen wie Gicht, Arthritis und bei anderen Schmerzzuständen wird empfohlen, Petersilie und das Kraut der Weinraute in Olivenöl zu braten und warm (auf einem Tuch) auf die schmerzende Stelle zu geben.

Olivenkernöl

Das Olivenkernöl entsteht nicht durch Auspressen von Oliven, sondern der gereinigten Olivenkerne. Die Kerne enthalten nur zehn bis zwölf Prozent Öl, im Gegensatz zum ölreichen Fruchtfleisch, das bis 25 Prozent Öl aufweist. Das kaltgepresste Öl ist gelb. Warm gepresstes ist grün. Olivenkernöl hat einen milden, süßlichen Geschmack.

Rapsöl

Herkunft: Der Raps kam erst im 18. Jahrhundert von England, Belgien und Holland nach Deutschland. Zunächst wurde er als Brennöl für Lampen, als Schmieröl, Lederfett und für Schmierseife verwendet.

Olive ist nicht gleich Olive. Die verschiedenen Sorten unterscheiden sich in Reifegrad, Farbe, Größe, Fettgehalt und Geschmack. Die Früchte des Ölbaums können unterteilt werden in Tafeloliven mit dickem, fleischigem und relativ fettarmem Fruchtfleisch und in Öloliven, die sich durch recht dünnes Fleisch, dafür aber durch hohen Ölgehalt auszeichnen.

Rapsöl wird aus den Kugeln der Samenschoten von Winter- und Sommerraps (Brassica napus olifeira) gepresst. Die Pflanze wird bis zu eineinhalb Meter hoch und blüht orangefarben bis zitronengelb. Das Rapsöl erlangte erst größere Bedeutung als Speiseöl, nachdem sein Gehalt an Erucasäure reduziert werden konnte (von 40 bis 60 Prozent früher auf ein bis drei Prozent heute). An Tieren hatte man festgestellt, dass erucasäurereiches Rapsöl zu krankhaften Veränderungen der Zellen des Herzmuskels führen kann. Dieser Risikofaktor ist heute ausgeschaltet.

Eigenschaften: Rapsöl ist hitzebeständig und von frischem, mildem Geschmack. Es unterstreicht den Geschmack vieler Kartoffelgerichte und kann gut mit eingelegten Gewürzen variiert werden.

> Der Raps stellt in Mittel- und Osteuropa die wichtigste Ölpflanze dar. Zur Ölgewinnung eignet sich besonders der Winter- oder auch Ölraps. Der Sommerraps wird daneben hauptsächlich als Futtermittel oder in der Gründüngung verwendet.

Rapsöl in der Naturheilkunde

▶ Wegen seines hohen Anteils an einfach ungesättigten Fettsäuren (bis 63 Prozent) wird Rapsöl auch Olivenöl der Deutschen genannt. Rapsöl beugt wie das Olivenöl und andere gesunde Öle arteriellen Beschwerden vor.

▶ Reichlich Vitamin E schützt die Arterien vor Ablagerungen und bekämpft wirksam freie Radikale.

▶ Rapsöl enthält viel Vitamin A, das in der indischen Ernährungslehre als Schutz vor Schleimhauterkrankungen und Mangelkrankheiten wie Rachitis empfohlen wird.

▶ Die Volksmedizin empfiehlt: Wer unter Gelenkbeschwerden oder Arthritis leidet, sollte vorwiegend Rapsöl an den Salat geben.

Rizinusöl

Rizinusöl wird aus den Samen der Rizinuspflanze (Ricinus communis) gewonnen, den Rizinusbohnen. Botanisch zählen die Rizinuspflanzen zu den Wolfsmilchgewächsen. In unseren Breiten sieht man sie nur als Ziersträucher unter der Bezeichnung »Christpalme« oder »Palma Christi«. Der Name leitet sich von der Form ihrer Blätter ab, von Palma = Handfläche. Weil der Rizinusbaum so rasch emporschießt, wird er im Volksmund auch Wunderbaum genannt.

Herkunft: Der Ursprung der Rizinuspflanze liegt in Indien, Afghanistan und im tropischen Afrika. Auch heute ist Rizinus als Ölpflanze nur in wärmeren Regionen von Bedeutung, denn nur dort gelangen die Samen zur Reife. Der Hauptanbau erfolgt in Indien, China, Thailand und Brasilien. Die Rizinussamen enthalten giftige Eiweißverbindungen, Rizinin und vor allem Rizin. Sie dürfen roh nicht verzehrt werden. 10 bis 20 Samen können genügen, um einen Menschen zu töten. Bei der Ölgewinnung durch chemische Extraktion und anschließende Wasserbedampfung werden auch die Toxine entfernt. Das fertige Öl ist dann absolut giftfrei.

Eigenschaften: Rizinusöl wird als gebräuchliches volksmedizinisches Heilmittel äußerlich wie innerlich angewendet. Und es ist erst ein paar Jahrzehnte her, als in jeder Hausapotheke noch ein Fläschchen Rizinusöl vorhanden war. »Man kann nicht Volksmedizin studieren, ohne sich über kurz oder lang mit der vielseitigen therapeutischen Verwendbarkeit des Rizinusöls zu befassen«, schrieb der amerikanische Mediziner Dr. D. C. Jarvis, der volksheilkundliche Behandlungsmethoden in den USA gründlich erforschte. Rizinusöl erhält man in Apotheken und Reformhäusern.

Rizinusöl hat eine alte Tradition als Hautpflege- und Haarwuchsmittel. Schon die alten Ägypter fabrizierten aus Rizinusöl pflegende Cremes. Die pharmazeutische Industrie stellt heute noch auf der Basis des Rizinusöls Haarwasser, Lippenstifte und Sonnenöle her. Rizinusöl ist dickflüssig, leicht gelb bis grünlich gefärbt. Es dient nicht als Speiseöl. Raffiniertes Rizinusöl ist sehr lange haltbar.

Rizinusöl ist ein altbewährtes Pflegemittel für die Schönheit. Dichte und lange Wimpern erhält man beispielsweise, wenn man täglich mit einem kleinen Wattebausch das Öl auf die Wimpern aufträgt.

Rizinusöl in der Naturheilkunde

▶ Bekannt ist sowohl die abführende Wirkung des Rizinusöls als auch seine entwässernde und entschlackende Wirkung auf die Gewebe. Die abführende Wirkung beruht auf der Rizinolsäure, aus der das Öl bis zu 90 Prozent besteht. Rizinusöl ist daher häufig Bestandteil pharmazeutischer Abführmittel. Durch die Aufspaltung des Öls im Dünndarm entstehen Stoffe, die die Muskelbewegung des Darms, die Peristaltik, anregen. Hinzu kommt die Gleitwirkung des Öls. Wer unter akuter Verstopfung leidet, nimmt normalerweise einen Esslöffel Rizinusöl, mehr als zwei sollten es keinesfalls sein. Für die Daueranwendung ist das Öl jedoch nicht geeignet. Bei chronischer Verstopfung ist unbedingt ein Arzt zu konsultieren.

Äußerliche Anwendung: Morgendliches und abendliches Einreiben von Warzen mit Rizinusöl soll diese zum Verschwinden bringen. Das Öl jeweils gut einmassieren.

▶ Man trägt Rizinusöl auf bei leichteren Verletzungen – Schnittwunden, Hautabschürfungen – sowie bei Entzündungen der Brustwarzen und Hämorrhoiden. Das fördert die Heilung.

▶ Zur Stärkung des Haarwuchses sind Ölkuren und Ölhaarwäschen mit Rizinusöl empfehlenswert (siehe Anwendungen unter »Maiskeimöl« auf Seite 42ff.). Wer unter Haarschuppen leidet, sollte vor jeder Haarwäsche etwas Rizinusöl in die Kopfhaut einmassieren und eine Zeit lang einwirken lassen. Wenn das Haar nicht zu sehr fettet, kann man dies allabendlich tun.

▶ Wimpern und Augenbrauen werden dichter und kräftiger, wenn man sie regelmäßig vor dem Zubettgehen mit Rizinusöl abbürstet.

▶ Regelmäßige Ölbäder für die Hände mit Rizinusöl machen die »Visitenkarte« weich und lassen Altersflecken mit der Zeit verblassen. (Das gilt auch für Leberflecken und andere Hautverfärbungen.) Zusätzlich morgens und abends die Hände mit Rizinusöl eincremen. Schlecht verheilende Narben zweimal täglich mit warmem Rizinusöl abreiben.

▶ Müde und brennende Füße abends vor dem Schlafengehen mit Rizinusöl massieren. Darüber Baumwollsocken anziehen und über Nacht anbehalten. Morgens ist die Haut samtweich und die Schmerzen sind verschwunden. Wer aufgesprungene Hände hat, geht ebenso vor, zieht aber über Nacht Baumwollhandschuhe über.

▶ Bauchumschläge mit Rizinusöl empfiehlt die Volksmedizin, um das Immunsystem zu stärken. Das Hausmittel dient auch zur Anregung der Verdauung und zur Entschlackung. Man erhitzt dazu das Rizinusöl, tränkt ein Tuch damit und legt es auf den Leib, damit die Wärme nicht so rasch entweicht. Darüber legt man eine Wärmflasche sowie eine Wolldecke. Jetzt eine Stunde lang ruhen. Verstärkt wird die Wirkung noch, wenn man das ölgetränkte Tuch mit Plastikfolie abdeckt.

Geben Sie vor der Pediküre einige Tropfen Rizinusöl ins warme Fußbad. Das weicht die Hornhaut auf. Hühneraugen und Hornhaut lassen sich dann leichter entfernen.

Sesamöl

Sesam ist eine alte Kulturpflanze, die seit über 4000 Jahren in Indien, dem Orient und Afrika angebaut wird. Sie zählt damit zu den ältesten Öl liefernden Pflanzen der Erde. Das Wort »Sesam« heißt in etwa »Pflanze des Öls«. Schon die alten Pharaonen gaben nebst Nuss- und Olivenöl auch Sesamöl an ihre Speisen. Die Hindus gebrauchten es für kultische Handlungen. Moses erwähnte es in der Bibel. Ägypter, Griechen und Römer schätzten es als Heilmittel und zur Schönheitspflege.

Herkunft: Ursprungspflanzen für die Ölgewinnung waren zwei Sesampflanzen, Sesanum indicum und Sesanum orientale. Heute ist es vorwiegend Sesanum indicum. Aus den weißen oder rötlichen Blüten entwickeln sich die Fruchtkapseln mit den Samen. Die Sesamsaat zählt mit einem Fettgehalt von über 50 Prozent zu den ölreichsten Samen. Je nach Sorte sind die Samen weiß, gelb, rötlich, braun oder schwarz. Vor dem Pressen werden sie geröstet, was das Öl besonders aromatisch macht. Sesamsamen sind auch beliebt als Gewürz für Semmeln, Brot und Kuchen. Heute wird Sesam in Asien, Afrika, Amerika und Südeuropa angebaut. Die Sesamernte erfolgte bis vor kurzem vielerorts noch von Hand. Die reifen Fruchtkapseln wurden über einem Tuch ausgeschüttet, wo sie sich leicht öffneten und ihre Samen preisgaben. Erst die Züchtung spezieller Hülsen ermöglichte eine maschinelle Ernte.

Eigenschaften: Sesam enthält neben den Spurenelementen Mangan, Nickel und Eisen auch die natürlichen Antioxidanzien Sesamol und Sesamolin. Sie bewirken die lange Haltbarkeit des Öls. Die »Königin der Speiseöle«, wie man in Südamerika sagt, ist als Nahrungsmittel und für kosmetische Zwecke bedeutsam. Sesamöl ist ein sehr feines, fast geruchloses Öl von mild nussigem Geschmack. Naturbelassen ist es kräftig gelb bis bernsteinfarben, raffiniert hellgelb. Es kommt besonders in Speisen der indischen und chinesischen Küche zur Geltung.

Das Sesamöl reichert das Blut mit Thrombozyten an: Etwa 20 Tropfen Sesamöl in der täglichen Nahrung verdoppeln innerhalb von drei bis vier Wochen die Zahl der roten Blutkörperchen. Außerdem hilft Sesamöl bei Störungen der Milzfunktion.

Sesamöl in der Naturheilkunde

▶ Sesamöl ist aufgrund seiner günstigen Fettsäurezusammensetzung besonders zur begleitenden Behandlung von Bluthochdruck, Diabetes mellitus und Neigung zu Thrombosen oder für die Ernährung von

Herzinfarkt- oder Schlaganfallpatienten geeignet. Sesamöl entlastet die Blutgefäße und erleichtert den Blutfluss.

▶ Der hohe Lezithingehalt sorgt für ein gutes Gedächtnis und starke Nerven. Auch eine aphrodisierende Wirkung wird ihm zugesprochen.

▶ In der fernöstlichen Medizin gilt Sesamöl als verdauungsanregend, allgemein beruhigend und wird bei Magenbeschwerden empfohlen.

▶ Im Ayurveda wird Sesamöl für die tägliche Mundspülung (Ölziehkur) empfohlen.

Äußerliche Anwendung: Sesamöl als Schönheitselixier hat eine jahrtausendelange Tradition. In der Ilias heißt es, dass Hera ihren Leib mit Sesamöl salbte, ehe sie sich zu Zeus begab. Auch die schöne Helena soll ein Schönheitsöl aus Sesamsamen geschätzt haben. Die Ureinwohner vieler Länder legten Wurzeln und Kräuter in Sesamöl ein, setzten es der Sonne aus und gewannen so einfache Cremes und Hautpflegemittel. Auch heute ist Sesamöl Bestandteil vieler Kosmetika und Sonnenöle. Es ist für die Herstellung von Pflegeprodukten vorzüglich geeignet, da es nicht leicht ranzig wird.

Dem Sesamöl wird die Eigenschaft zugesprochen, tief ins Gewebe einzudringen und schädliche Stoffe an die Oberfläche zu holen. Es ist daher hervorragend für die äußerliche Anwendung als Massageöl und zur Entschlackung über die Haut geeignet. Sesamöl eignet sich gut zur Zahnfleischmassage bei Entzündungen und Parodontose.

Wenn Sie sich morgens und abends ein bis zwei Tropfen Sesamöl in die Nase bzw. unter die beiden Nasenlöcher reiben, bewahrt das die Schleimhäute vor dem Austrocknen.

> Als schmackhaftes Dessert ist Sesam seit Urzeiten beliebt: Schon die römischen Soldaten nahmen Sesamsamen vermischt mit Honig zu sich, um Kraftreserven aufzubauen.

Sojaöl

Sojabohnen sind die eiweiß- und fettreichen Samen der Sojapflanze (Glycine max.), aus denen das Sojaol gewonnen wird. Aus kleinen weißen oder roten Blüten entwickeln sich Hülsen, die jeweils zwei bis vier Bohnen enthalten. Die Farbskala der Bohnen reicht von Gelb und Grün bis Braun und Schwarz. Sojabohnen gehören zur Familie der Hülsenfrüchte.

Herkunft: Sojapflanzen zählen zu den ältesten Kulturpflanzen. Ihr frühester Nachweis stammt aus der Zeit des chinesischen Kaisers Cheng-Nun aus dem Jahr 2838 v. Chr., wo sie neben Reis, Weizen, Gerste und Hirse zu den fünf heiligen Pflanzen zählten. Der Name »Soja« kommt wahrscheinlich vom chinesischen Wort »sou« für große Bohne. Weltweit gesehen wird Sojaöl am meisten unter den Ölen produziert, besonders in den heutigen Hauptanbaugebieten USA und Ostasien. Auf Platz zwei folgt das Sonnenblumenöl.

Eigenschaften: Sojabohnen enthalten neben 36 Prozent Eiweiß, 25 Prozent Kohlenhydraten und fünf Prozent Mineralstoffen nur etwa 18 Prozent Fett. Wegen des hohen Eiweißanteils werden sie auch Fleisch des Feldes genannt. Da die Ölausbeute bei schonender Pressung sehr niedrig ist (15 Prozent), ist im Handel meist nur Öl erhältlich, das durch chemische Extraktion gewonnen wurde.

Sojaöl ist der Spitzenreiter unter den Ölen in Bezug auf den Vitamin-A-Gehalt, was man an der orangegelben Farbe erkennt. Sojaöl ist in der Küche vielseitig verwendbar, eignet sich zum Backen und passt in die Speisen der fernöstlichen Küche. Es dient zur Herstellung von Margarine, Bratfetten, Mayonnaise, Salatsaucen und Nuss-Nougat-Cremes.

Sojaöl in der Naturheilkunde

▶ Sojaöl ist ernährungsphysiologisch besonders hochwertig. Es weist von allen bekannten Ölen den höchsten Gehalt an Lezithin auf (1,5 bis 3,5 Prozent), dem lebensnotwendigen Baustein der Zellmembrane und des Nervengewebes. Das Sojalezithin begünstigt erwiesenermaßen die Cholesterinausscheidung und hilft, erhöhte Blutfettwerte zu senken. Es beeinflusst den Leber-Galle-Stoffwechsel positiv, wirkt Alterserscheinungen wie nachlassendem Gedächtnis oder Bewegungsstörungen entgegen, steigert die Konzentrationsfähigkeit und macht stabiler gegenüber Stresssituationen.

▶ Es ist außerdem reich an mehrfach ungesättigten Fettsäuren (Linol- und Alpha-Linolensäure).

▶ Der hohe Gehalt des Öls an Vitamin E unterstützt die Herz-Kreislauf- sowie die Muskelfunktionen und wirkt ausgleichend auf die Hypophyse, die Hirnanhangsdrüse, die die Sexualfunktionen steuert.

In einem komplizierten Verfahren stellen Chinesen und Japaner aus der Sojabohne auch die unverkennbar aromatische Sojasauce her. Dafür werden zu gleichen Teilen Sojabohnen und Weizen geröstet und destilliert, mit Meersalz und Quellwasser gemischt und bis zu drei Jahre fermentiert.

Äußerliche Anwendung: In der Körperpflege eignet sich Sojaöl gut zum Mischen mit anderen Ölen, beispielsweise mit Kürbiskern- oder kaltgepresstem Olivenöl.

Sonnenblumenöl

Die Sonnenblumen richten ihr Blütengesicht immer nach dem Licht aus. Auf dem Feld blicken alle dorthin, wo zur Zeit des Beginns der Blüte die Sonne aufging. Sonnenblumen gelten als das Sinnbild für Helligkeit, gesundes Wachstum und Freundlichkeit.

Herkunft: Ursprünglich stammen Sonnenblumen aus dem Südwesten Nordamerikas. Die indianischen Ureinwohner haben sie vermutlich schon 3000 v. Chr. als Symbol des Sonnengottes und der Fruchtbarkeit verehrt. Sie wussten auch, wie man die Kerne zur Ölgewinnung nutzt. »Hauptstadt der Sonnenblume« wird in der russischen Literatur das Dorf Alexierka im Bezirk Woronesch (Ukraine) bezeichnet. Dort baute der Bauer Bokarew um das Jahr 1830 erstmals in Europa Sonnenblumen nur zur Ölgewinnung an. Schon bald wurde die Erzeugung von Sonnenblumenöl ein wichtiger Erwerbszweig dieser Region und ganz

Die Peruaner räumten der Sonnenblume im Rahmen ihrer Sonnenverehrung einen ganz hervorragenden Platz ein. Die Blume galt als heilig und gehörte bei religiösen Feierlichkeiten immer dazu.

Die nährstoffreichen Kerne der Sonnenblume eignen sich natürlich nicht nur zur Herstellung von Öl. Sie enthalten im Gegensatz zum Sonnenblumenöl auch noch Magnesium und B-Vitamine.

Russlands. Man bezeichnete das Sonnenblumenöl damals als Fastenöl, da es nach den russisch-orthodoxen Gebräuchen während der langen Fastenzeiten tierische Fette zu ersetzen hatte. Für die Ölerzeugung werden Sonnenblumen heute vorwiegend in den Staaten der Russischen Föderation, Frankreich und Südosteuropa angebaut. Sie gedeihen übrigens sowohl im kühlen als auch im warmen Klima.

Eigenschaften: Das Öl wird aus den Samen der einjährigen Sonnenblume (Helianthus annuus L.) gewonnen. Die Pflanze wird bis zu drei Meter hoch. In einem Blütenkorb können bis zu 2 000 Samenkörner heranreifen. Sie sind von allen Samen die ölreichsten, enthalten aber auch wertvolle Eiweißstoffe.

Sonnenblumenöl ist bei uns das meistverkaufte Pflanzenöl. Wegen des hohen Vitamin-E-Gehalts und des geringen Anteils an dreifach ungesättigter Linolensäure ist es besonders haltbar. Naturbelassenes Sonnenblumenöl ist hell- bis dunkelgelb und schmeckt nussig. Es ist bei uns preiswert überall erhältlich und passt ausgezeichnet zur heimischen Küche.

Sonnenblumenöl in der Naturheilkunde

▶ Wie Sojaöl hat auch Sonnenblumenöl einen hohen Lezithingehalt. Der Fettbegleitstoff Lezithin ist für viele Stoffwechselprozesse von Bedeutung, z. B. für den Leber-Gallen-Stoffwechsel sowie für das Nervensystem. Die Verwendung des Sonnenblumenöls empfiehlt sich daher für all jene, denen Sojaöl weniger gut schmeckt und die unter Hauterkrankungen, Störungen von Leber und Gallenblase, Stoffwechselerkrankungen und Nervenschwäche leiden.

▶ Sonnenblumenöl unterstützt heilsam die Behandlung von Herzkrankheiten, Schlaganfall und Diabetes mellitus. Es eignet sich auch zur gesunden Ernährung während einer Reduktionsdiät. Reichlich Linolsäure im Sonnenblumenöl ist wichtig für die Zellgesundheit und fördert ein gesundes Wachstum.

▶ Sonnenblumenöl wirkt schleimlösend und soll bei Bronchitis, Husten, Schnupfen und Heiserkeit zum Einsatz kommen.

▶ Innerlich eingenommen, ist Sonnenblumenöl ein mildes Abführmittel, wobei das Öl als Gleitstoff fungiert.

Sonnenblumenöl gilt als wirkungsvolles harntreibendes Mittel und soll die Bildung von starken und gesunden Zähnen bei Kindern unterstützen. Geröstet eignen sich Sonnenblumenkerne gut als Snack oder Beigabe zu Gemüsen und Salaten.

▶ Es ist das klassische Öl für die aus Russland kommende Ölziehkur, mit der man eine verstärkte Entschlackung und Entgiftung des Organismus erreicht.

Äußerliche Anwendung: Schon die nordamerikanischen Indianer fetteten sich mit Sonnenblumenöl Haare und Körper ein und stellten daraus Farben für die Körperbemalung her. Das Öl ist zur Hautpflege und als Massageöl geeignet. Man massiert damit schmerzende und verkrampfte Glieder. In der Volksmedizin bestreicht man mit Sonnenblumenöl schlecht verheilende Wunden.

Traubenkernöl

Kaltgepresstes Traubenkernöl war schon in der Antike beliebt. Da das Herstellungsverfahren äußerst aufwändig ist, ist es etwas in Vergessenheit geraten. Aber das alte Öl wird gerade wieder neu entdeckt.

Das Öl wird aus den getrockneten Kernen von Weintrauben (Vitis vinifera) gewonnen. Jede Beere enthält etwa fünf Kerne, deren Ölgehalt zwischen 6 und 20 Prozent liegt. Eigentlich bietet sich das Öl aus Traubenkernen geradezu an, sind doch die Kerne ein Abfallprodukt, das beim Keltern des Weins anfällt. Ursprünglich wurde es deshalb nur in Mangelzeiten gewonnen. Erst müssen die Kerne von Stielen, Stängeln und Häuten befreit werden. Da die Kerne sehr hart sind, ist anschließend eine leistungsfähige Presse notwendig.

Herkunft: Das Öl wird heute in steigendem Maß in den Weinbauländern rund ums Mittelmeer, in Ungarn, der Schweiz und auch in Deutschland produziert. Oft wird es mit Hilfe von Chemikalien gewonnen, durch Lösungsmittelextraktion und Raffination, wodurch die im Kern enthaltenen Vitamine und anderen Wirkstoffe stark beeinträchtigt werden. Kaltgepresstes Traubenkernöl dagegen ist eine gesunde Rarität.

Eigenschaften: Traubenkernöl ist von goldgelber bis grünlicher Farbe, weitgehend geruchlos und hat einen leicht süßlichen Geschmack. Es eignet sich für Salate mit Fisch, Geflügel, Obst, Gemüse sowie zur Mayonnaiseherstellung.

Traubenkernöl ist erst relativ kurz auf dem Markt. Noch sind die Forschungen nicht abgeschlossen, und vieles ist noch Neuland: Fest steht aber, dass seine Inhaltsstoffe zur Erhaltung der Gedächtnisfunktion beitragen und vorzeitiges Altern verhindern.

Traubenkernöl in der Naturheilkunde

Traubenkerne enthalten neben Vitamin E und Spurenelementen wichtige, zu den Bioflavonoiden zählende Stoffe, die Prozyanidine. Sie stecken meist in den Schalen und Kernen der Früchte und werden normalerweise nicht mitgegessen. In kaltgepressten Ölen sind diese Stoffe jedoch enthalten. Nach neuesten Erkenntnissen wirkt das Prozyanidin 20-mal stärker als Vitamin C und 50-mal stärker als Vitamin E gegen freie Radikale und beugt damit einer Vielzahl von Erkrankungen wirksam vor. Es handelt sich bei dem Stoff um den effektivsten Radikalefänger, den die Wissenschaft momentan kennt. Man vermutet, dass jede Zelle etwa 10 000-mal pro Tag aggressiven Attacken von freien Radikalen ausgesetzt ist. Die Entstehung dieser Zellgifte wird durch Medikamente, Genuss-, Nahrungs- und Umweltgifte, durch Strahleneinwirkung u. a. gefördert. Traubenkernöl liefert mit seinem hohen Gehalt an Prozyanidin intensivsten Zellschutz. Es wirkt zudem immunstärkend und hat einen positiven Einfluss auf die Körpergefäße, macht die Gefäßwände fester und dennoch biegsamer.

Äußerliche Anwendung: Traubenkernöl findet Verwendung in der Herstellung von Kosmetika und Badeölen. Es zieht leicht in die Haut ein und macht sie weich.

Walnussöl

Walnussöl wird aus der Nuss des Walnussbaums oder Welschnussbaums (Juglans regia), einem Kätzchenblütler, gewonnen. Der Walnussbaum kann bis zu 20 Meter hoch (wal = groß) und über 200 Jahre alt werden.

Herkunft: Urheimat der Walnuss ist der Vordere Orient. Von dort ist sie nach Europa gewandert. Die heutigen Anbaugebiete liegen in Mittel- und Südeuropa, Nord- und Südamerika.

Eigenschaften: Die Walnusskerne enthalten bis zu 60 Prozent Fett, etwa 15 Prozent Eiweiß und 20 Prozent Kohlenhydrate. Sie sind reich an Mineralstoffen (Kalium, Magnesium, Kalzium, Phosphor, Schwefel, Eisen, Zink) und Vitaminen (A, B1, B2, C, E und Niazin).

In Trauben befindet sich das Prozyanidin reichlich in den Kernen und nicht im Fruchtfleisch. Selbst wenn die Kerne verschluckt werden, wird der Wirkstoff nur kaum vom Darm resorbiert. Deshalb empfiehlt es sich, auf das Kernöl auszuweichen.

Das hellgelbe, klare Öl mit aromatischem Nussgeschmack ist besonders geeignet für Salate, auch für Süßspeisen, Kuchen, Gebäck und Cremefüllungen. Walnussöl oxidiert sehr schnell an der Luft. Daher sofort nach der Verwendung wieder gut verschließen.

Walnussöl in der Naturheilkunde

▶ Der Anteil an mehrfach ungesättigten Fettsäuren beträgt über 70 Prozent. Das Öl ist damit für die Arterioskleroseprophylaxe und zur begleitenden Diät bei Durchblutungsstörungen besonders geeignet.

▶ Empfehlenswert ist der Genuss des Walnussöls während einer Genesungsphase. Es stärkt Herz, Kreislauf und Nerven.

▶ Walnussöl fördert die Gallensekretion und sollte bei Verdauungsbeschwerden, Gallensteinen etc. bevorzugt zur Anwendung kommen.

▶ Eine Walnusskur zur Stärkung der geistigen Funktionen ist auch für Kinder mit Konzentrationsstörungen geeignet, die Nüsse ohnehin gerne mögen. Man beginnt mit einem Walnusskern, den man morgens auf nüchternen Magen isst. Dann nimmt man täglich eine Nuss mehr zu sich, bis man bei 14 Stück pro Tag angelangt ist. (Sie werden über den ganzen Tag verteilt.) Ab da isst man täglich eine Nuss weniger, bis man wieder bei null ist. Da die Kerne sehr fettreich sind, wird man zur Zeit der Nusskur leichtere Kost bevorzugen.

Äußerliche Anwendung: Regelmäßiges Massieren der Kopfhaut mit Walnussöl soll gegen Haarausfall helfen.

Einreiben mit Walnussöl lindert die Schmerzen eines Sonnenbrandes und pflegt die Haut.

Weizenkeimöl

Herkunft: Das Öl stammt aus den Keimlingen des Getreidekorns (Triticum aestivum). Die Keimlinge enthalten sieben bis zwölf Prozent Öl. Zur Ölgewinnung trennt man die Keimlinge vom Getreidekorn und presst sie aus.

Eigenschaften: Von allen Pflanzenölen hat es den höchsten Gehalt an Tokopherolen (Vitamin E), nämlich 2300 bis 3500 Milligramm pro

Bemerkenswerte Erfolge erzielten spezielle Diäten mit besonders Gamma-Linolensäurehaltigen Ölen auch beim hyperkinetischen Syndrom (Zappelphillipp) bei Kindern. Sie wurden dadurch körperlich und geistig leistungsfähiger, konzentrierter und aufmerksamer.

Kilogramm. Wer dieses Öl verwendet, versorgt sich reichlich mit dem lebenswichtigen Abwehrvitamin und beugt wirksam Zellschäden vor. Das Öl mit seinem angenehm getreideartigen Geschmack ist für die vegetarische Küche gut geeignet. Es passt beispielsweise gut in Gerichte mit Grünkern. Es sollte wegen des hohen Vitamingehalts nicht erwärmt werden, also der kalten Küche vorbehalten bleiben.

Weizenkeimöl in der Naturheilkunde

▶ Weizenkeimöl enthält reichlich mehrfach ungesättigte Fettsäuren (bis 62 Prozent) und viele ernährungsphysiologisch wertvolle Fettbegleitstoffe.

▶ Das Vitamin E fördert die Sauerstoffversorgung der Zellen und bietet Schutz vor Zellgiften. Dadurch wird Herz-Kreislauf-Erkrankungen vorgebeugt, die Durchblutung gefördert und das Bindegewebe und die Haut gestrafft. Es stärkt die Abwehrkräfte und schützt insgesamt vor vorzeitigen Alterserscheinungen.

▶ Für eine Vitamin-E-Aufbaukur in der Genesungsphase beginnt man mit einem Tropfen Weizenkeimöl am Tag und steigert bis auf zehn Tropfen täglich. Dann wird fünf Tage pausiert und nochmals von vorne begonnen. Man kann die tägliche Dosis natürlich auch mit der Nahrung aufnehmen oder einem Glas frisch gepresstem Gemüsesaft beifügen. Die Vitamine A, D, E und K können nur in Gegenwart einer bestimmten Fettmenge vom Körper optimal verwertet werden. Die Kur stärkt Muskeln und Nerven und strafft die Haut.

▶ B-Vitamine und wertvolle Enzyme machen es zur Nervennahrung. **Äußerliche Anwendung:** Reines Weizenkeimöl ist für die Gesichts- und Körperpflege gut geeignet. Es ist sehr hautfreundlich und zur Pflege der trockenen und reifen Haut geeignet. Packungen mit Weizenkeimöl regenerieren strukturgeschädigtes Haar. Regelmäßiges Bepinseln mit Weizenkeimöl unterstützt die Rückbildung von Narben. Besonders geschätzt wird Weizenkeimöl auch von Schwangeren: Wie erfahrene Hebammen empfehlen, sollte der Damm ab etwa zwei Monate vor dem Geburtstermin sanft mit dem Öl massiert werden, um ihn geschmeidiger zu machen und Dammrisse bei der Niederkunft zu verhindern.

Obwohl der Weizenkeim mit seinem Eiweißgehalt von 25 Prozent und seinem hohen Vitamingehalt (B1, B2, B6, Pantothensäure und vor allem Vitamin E) eigentlich das Nahrhafteste am ganzen Weizenkorn ist, wird er beim Mahlen von weißem Mehl immer herausgemahlen.

Entgiften und heilen mit Ölziehkuren

*Altbewährt und weltbe-
kannt – die Heilwirkung
von Ölanwendungen.*

Die unglaublich erschei-
nende Wirkung des
Sonnenblumenöls beim
Ölschlürfen ging viele Male
durch die Presse. Die
Resultate des Heilverfah-
rens haben nicht nur
Bewunderung, sondern
auch Zweifel hervorge-
rufen. Für jeden gilt es
jedoch, seine Wirkung
selbst herauszufinden.

Therapie mit Sonnenblumenöl

Der russische Arzt Dr. F. Karach hielt in den achtziger Jahren auf einem
Kongress des Allukrainischen Verbandes der Bakteriologen und Onko-
logen ein Aufsehen erregendes Referat. In seinem Vortrag stellte er eine verblüffend einfache Therapie mit Sonnenblumenöl (russisch: Ara-
schid) vor, wie sie in Weißrussland und der Ukraine schon seit vielen
Jahrhunderten erfolgreich praktiziert wird, die aber bei der Ärzteschaft
in Vergessenheit geraten war. Es handelt sich dabei um ein weit ver-
breitetes und absolut unschädliches Heilverfahren aus der russischen
Volksmedizin, das unter verschiedenen Namen bekannt geworden ist.
Man spricht vom Ölziehen, Ölspülen, Ölschlürfen, Ölkauen oder einfach nur Ölen.

Selbstheilungskräfte mobilisieren

Die Methode besteht »hauptsächlich im Schlürfen oder Saugen des
Öls in der Mundhöhle. Der weitere Heilungsvorgang wird dann vom
menschlichen Organismus allein vollzogen. Auf diese Weise ist es möglich, Zellen, Gewebe und alle anderen menschlichen Organe gleichzeitig zu stärken und zu heilen«, erklärte Dr. Karach.
Regelmäßige, kurmäßige Mundspülungen mit Sonnenblumenöl bewirken eine Entschlackung und Entgiftung des gesamten Organismus
über die Mundschleimhaut, was die Selbstheilungskräfte des Organismus mobilisiert und das Immunsystem stärkt. Dadurch könne man
auf das Einnehmen verschiedener Heilmittel mit ihren oft schädlichen
Nebenwirkungen verzichten. Krankheiten wie Allergien, chronische
Müdigkeit, Haut- und Gelenkprobleme, die ursächlich oft auf eine

Überlastung des Körpers mit Stoffwechselschlacken, Umweltschadstoffen oder Genussgiften zurückzuführen sind, werden dadurch positiv beeinflusst. Karach empfahl die Ölspülungen besonders als Therapie bei chronischen Bluterkrankungen, bei Funktionsstörungen von Lunge, Leber und Magen sowie bei schwachen Nerven.

Die Kurmaßnahme wird von ihm auch ganz eindringlich zur Vorbeugung nahe gelegt, damit hartnäckige chronische Krankheiten und andere Gesundheitsstörungen gar nicht erst entstehen können. Eine Ölziehkur verbessert ganz allgemein das Wohlbefinden, hebt die Laune, lindert Depressionen und stärkt die Abwehrkräfte.

Reines, kaltgepresstes Pflanzenöl sollte nach dem Öffnen der Flasche bald verbraucht werden, da es sehr schnell ranzig werden kann. Ranziges Fett darf grundsätzlich nicht mehr verwendet werden, denn es enthält zu viel Peroxide.

Für wen eignet sich die Ölkur?

Wer unter den folgenden Beschwerden leidet, kann es einmal mit einer Ölziehkur versuchen:

▶ Kopfschmerzen

▶ Erkrankungen der oberen Luftwege, vor allem Bronchitis, Husten, Schnupfen und Halsschmerzen

▶ Verschleimung der Kiefer-, Stirnhöhlen, Ohrenschmerzen

▶ Zahnfleischentzündungen, Zahnschmerzen und Zahnstein

▶ Schlafstörungen, ständige Müdigkeit und Erschöpfungszustände

▶ Gelenkbeschwerden, Arthrosen und rheumatische Beschwerden

▶ Ekzeme und andere Hauterkrankungen (Akne, Schuppenflechte)

▶ So genannte Frauenkrankheiten, chronische Blasenentzündung

▶ Magen-, Leber- und Darmbeschwerden

▶ Nierenerkrankungen

▶ Nervenschwäche und depressive Verstimmungen

▶ Blutarmut oder schlechtes, kraftloses Blut, Thrombosen

▶ Infektanfälligkeit

▶ Beschwerden, hervorgerufen durch Genussgifte oder Medikamentenmissbrauch, Entzugserscheinungen

Eine Ölziehkur ersetzt selbstverständlich nicht den Gang zum Arzt oder Heilpraktiker. Wer gegen seine Gesundheitsstörung bereits eine Therapie verordnet bekam, sollte diese auf jeden Fall fortführen und kann das Ölspülen zusätzlich praktizieren.

Eine wirksame Entgiftungsmaßnahme

Bekanntermaßen lagern sich Schadstoffe, die sich in der Luft, im Wasser, in der Nahrung, in Kleidung, Teppichen und Textilien, in Farben, Lacken und Baustoffen befinden, mit der Zeit auch im menschlichen Organismus ab. Beispielsweise sind giftige polychlorierte Biphenyle (PCB) aus der Kunststoffverarbeitung, die schon vor Jahren verboten wurden, noch heute in der Muttermilch nachweisbar.

Hinzu können sich Schlacken und Nebenprodukte aus dem körpereigenen Stoffwechsel gesellen, die nicht mehr abtransportiert werden, weil die Ausscheidungssysteme Darm, Nieren, Lunge und Haut häufig überlastet sind. Eine zunehmende Verschlackung und Vergiftung des Organismus macht sich in vielerlei Symptomen bemerkbar: Man fühlt sich ausgelaugt und energielos, leidet unter Ekzemen und Hautunreinheiten, klagt über Verdauungsstörungen, Magendrücken, Sodbrennen, Blähungen, Kopfdruck, Rücken- und Gelenkschmerzen, Gedächtnisschwäche u.v.m. Nur mittels wirksamer Entgiftungsmaßnahmen wird man dieses allgemeine Unwohlsein kurieren. Eine davon sind kurmäßig angewandte Ölspülungen mit einem guten Pflanzenöl.

Wie man eine Ölziehkur macht

▶ Jeder kann die Ölziehkur leicht zu Hause ausführen. Man braucht dazu lediglich ein gutes Sonnenblumenöl, am besten kaltgepresst und aus biologischem Anbau, sowie etwas Geduld. Auch wer das Vorurteil hegt, es sei unangenehm, Öl pur in den Mund zu nehmen, sollte es dennoch einmal probieren und sich vom Gegenteil überzeugen lassen.

▶ Die Ölspülung soll idealerweise täglich frühmorgens gleich nach dem Aufstehen und noch vor dem Zähneputzen auf nüchternen Magen erfolgen. Bei hartnäckigen Verschlackungen und um den Heilungsprozess zu beschleunigen, empfiehlt Dr. Karach, die Prozedur mittags und abends, jeweils vor der Mahlzeit, zu wiederholen. Andere raten allerdings, das Ölspülen auf zweimal täglich zu beschränken. Auch wer morgens keine Zeit fürs Ölspülen hat, wählt den Zeitpunkt vor der Mittags- oder Abendmahlzeit.

In der Muttermilch ist ein sehr hoher Anteil an Gamma-Linolensäure enthalten, die in dieser konzentrierten Form nur noch im Borretschöl vorkommt. Fehlen dem Organismus diese Säuren – durch zu viel tierisches Fett, Nikotin und Alkohol – kann es zu Stoffwechselkrankheiten kommen.

▶ Normalerweise nimmt man für jede Ölspülung einen Esslöffel voll Sonnenblumenöl. Wem das zu viel ist, der reduziert bis auf einen Teelöffel. Weniger sollte es jedoch nicht sein.

▶ Geben Sie einen Löffel Öl in den Mund, spülen, kauen, schlürfen und saugen Sie das Öl »ohne Hast und Mühe« (Dr. Karach) im Mund hin und her und ziehen es insbesondere auch durch die Zähne. Daher stammt u. a. auch die Bezeichnung »Ölziehkur«.

▶ Dieses Ölspülen sollte 15 bis 20 Minuten lang dauern. Wer nicht so viel Zeit oder Lust hat, sollte wenigstens 10 Minuten lang durchhalten. Sie können auch mit einer kürzeren Spüldauer beginnen und allmählich steigern.

▶ Am Ende der Spülprozedur ist das anfänglich dickflüssige Öl mit Speichel versetzt und daher dünnflüssig. Spucken Sie es dann in einen Behälter, um es später zu entsorgen (beachten Sie die »Sechs wichtigen Regeln für den Umgang mit Ölen«, auf Seite 94). Das Öl hat nun eine weißliche Farbe und ist durchsetzt mit Bakterien, Krankheitserregern, Stoffwechselschlacken und Giftstoffen, die man unter dem Mikroskop feststellen kann. Ist die ausgespuckte Flüssigkeit noch gelblich, dann war die Spüldauer zu kurz. Anschließend den Mund gründlich mit warmem Wasser ausspülen und die Zähne gut putzen.

Nach dem Ölziehen und anschließendem Ausspülen und Zähneputzen können Sie ab und an noch mehr für eine gesunde Mundflora tun: Für frischen Atem und Desinfektion sorgen zwei Tropfen Teebaumöl, die man ins Gurgelwasser gibt. Australische Zahnärzte schwören darauf.

Bitte beachten Sie

▶ Beweglicher Zahnersatz sollte vor dem Ölspülen herausgenommen werden.

▶ Fester Zahnersatz oder Zahnfüllungen werden durchs Ölziehen normalerweise nicht gelockert. Sollte das einmal vorkommen, dann war die Krone oder die Füllung vorher schon nicht mehr ganz stabil.

▶ Das Öl sollte nicht geschluckt werden, das ist nicht der Sinn der Sache. Wenn es gelegentlich doch einmal passiert, ist das nicht so dramatisch, wie es manchmal dargestellt wird. Das Öl ist nach der Spülung zwar durchtränkt mit schädlichen Substanzen, die sich aber zuvor ohnehin im Körper befanden. Die gelösten Giftstoffe werden nun über den Verdauungsweg der Ausscheidung zugeführt oder, falls sie wieder über den Dünndarm ins Blut gelangen sollten, bei einer der nächsten Ölspülungen aus dem Körper verbannt. Wenn Sie das Öl also verschlucken, werden Sie nicht zusätzlich vergiftet, aber es findet auch keine Entgiftung statt. Wer allerdings das Öl regelmäßig schluckt, sollte auf eine andere Methode der Entschlackung ausweichen.

▶ Versuchen Sie doch, sich dem Ölspülen ganz bewusst zu widmen und nicht nebenher zu baden, Wäsche zu sortieren oder auch nur anderen Gedanken nachzuhängen.

▶ Richten Sie Ihr Bewusstsein ganz auf das Öl, Ihren Mund und auf den Reinigungsvorgang, der sich in Ihrem Körper momentan vollzieht. Das klappt selten auf Anhieb. Wahrscheinlich schweifen Ihre Gedanken immer wieder ab. Sobald Sie sich dessen bewusst werden, lenken Sie die Gedanken wieder zurück zum Ölspülen, zur Reinigungsprozedur. Das Ölspülen wird auf diese Weise zur geistigen Übung. Ganz nebenbei gesagt, wird es dann kaum geschehen, dass Sie das Öl aus Versehen schlucken.

▶ Wenn Sie einmal vor Ablauf ihrer üblichen Anwendungszeit das echte Bedürfnis haben, das Ölspülen zu beenden, sollten Sie diesem Impuls ruhig nachgeben. Wer sich nämlich stark überwinden muss und dennoch weiter spült, riskiert innere Barrieren, die zur Folge haben können, dass man die positive gesundheitliche Maßnahme gänzlich ablehnt und gar nicht mehr praktizieren mag.

▶ Wer eine Ölziehkur konsequent durchführt, sollte darauf achten, täglich in etwa eine gleich lange Zeit zu spülen.

▶ Bei akuten Erkältungssymptomen empfiehlt die Volksmedizin, mehrmals täglich mit Öl zu spülen. Das löst Verschleimungen und beschleunigt den Heilungsprozess. Aber auch in diesem Fall nur nüchtern, also vor einer Mahlzeit spülen.

Es gibt noch eine ganze Reihe weiterer wertvoller Pflanzenöle, die allerdings nur äußerst schwierig zu bekommen sind. Dazu gehören beispielsweise das Hagebuttensamenöl, das Bucheckernöl oder das Kernöl der Schwarzen Johannisbeere.

Rasche Erfolge

Dr. Karach ist es »besonders wichtig, zu betonen, dass sich während des Saugens und Schlürfens der Stoffwechsel unseres Organismus verstärkt abwickelt und so ein dauerhafter Gesundheitszustand erreicht werden kann«, wobei die eigentliche Heilung nur während des Ölschlürfens erfolgen kann.

Die ersten Auswirkungen des Ölschlürfens werden Sie rasch bemerken: Es kommt zur Gesundung der Mundflora. Lockere Zähne werden fester, das Zahnfleisch wird straffer, Zahnfleischbluten tritt seltener auf, Entzündungen im Mund wird der Nährboden entzogen. Mit der Zeit werden auch die Zähne etwas weißer. Über die ausgeglichene Mundflora wird schließlich der gesamte Organismus beeinflusst.

Das Ölspülen soll so viele Tage oder Wochen ausgeführt werden, bis Sie feststellen, dass Sie sich deutlich erholt haben, sich frischer und gesünder fühlen, Ihr Schlaf jetzt ruhig und erholsam ist, so dass Sie morgens ausgeruht erwachen. Der Spiegel zeigt dann Ihre reine, straffe Haut, die Ringe unter den Augen sind deutlich gemildert oder ganz verschwunden. Sie haben wieder einen gesunden Appetit, verfügen über einen wachen Geist, stabile Nerven und ein gutes Gedächtnis.

Nach Dr. Karach dürfte eine Besserung leichterer Beschwerden bereits nach einer Woche des Ölschlürfens zu verzeichnen sein. Wer unter einer chronischen Erkrankung leidet, braucht dagegen etwas mehr Ausdauer. Bis zu einem Jahr und länger sollte in solchen Fällen das Ölspülen ein bis mehrmals täglich ausgeführt werden.

Reinigungskrisen – Zeichen der Heilung

Es kommt vor, dass sich nach den ersten Ölspülungen bestimmte gesundheitliche Beschwerden nicht bessern, sondern scheinbar sogar verstärken. Es können auch neue körperliche Reaktionen auftreten wie z. B. Hautjucken, andere Hautirritationen, verstärkte Schleimabsonderung oder eine erhöhte Temperatur.

Nach Dr. Karach ist das besonders bei Patienten der Fall, die gleichzeitig unter mehreren Krankheiten leiden. Normalerweise ist dies aber kein Grund, die Kur abzubrechen. Denn meist handelt es sich dabei um so genannte Reinigungs- oder Entgiftungskrisen, wie sie auch in den ersten Tagen einer Fasten- oder Entschlackungskur auftreten können. Sie sind ein Zeichen dafür, dass vermehrt Schlacken und Giftstoffe aus dem Organismus geschafft werden und die Reinigung und damit die Gesundung in Gang kommt. Die Krise kann auch auf noch unbekannte Krankheitsherde hindeuten, die sich nun bemerkbar ma-

Eine Entgiftung des Körpers kann nur von dauerhafter Wirkung sein, wenn sich auch die Lebensweise ändert. Zur Unterstützung der Öltherapie sollten daher auch die Ernährung umgestellt und schädliche Genussgifte wie Nikotin und Alkohol gemieden werden.

chen. Durch das rechtzeitige und konsequente Ölschlürfen soll eine latente Krankheit ausgeheilt werden können, noch ehe sie akut wird. Ölziehkurspezialisten werten stärkere körperliche Reaktionen während der Kur eher als ein gutes Zeichen, als Hinweis, dass die Selbstheilungskräfte des Körpers aktiv geworden sind und die Gesundung auf dem Weg ist. Sie empfehlen aber auch, sich in einer solchen Phase zu schonen, indem man täglich spazieren geht oder leichte Gymnastik macht, ausreichend schläft, sich frisch und leicht ernährt und Entspannungsübungen wie Qi Gong, Yoga oder autogenes Training praktiziert.

Auch sollte, wer stärker körperlich reagiert, sich auf einmaliges Ölziehen am Tag, am besten frühmorgens, beschränken. Wenn man konsequent damit fortfährt, werden sich die Beschwerden schon bald bessern. Ist das nicht der Fall, dann besteht wahrscheinlich kein Zusammenhang zwischen den Befindlichkeitsstörungen und dem Ölspülen, und es sollte ein Arzt konsultiert werden. Es gibt heute auch eine Vielzahl von Ärzten, die in Naturheilverfahren ausgebildet sind und mit der Praxis der Ölziehkur vertraut sind.

> Selbst Patienten, die keineswegs eingeschworene Befürworter von Naturheilverfahren waren, konnten über positive Wirkungen der Ölziehkur berichten.

Positive Rückmeldungen

Seit Dr. Karach die Ölziehkur so publik gemacht hat, sind in vielen Wissenschaftszeitungen Artikel über die Kur, ihre leichte Anwendbarkeit und ihre positiven Auswirkungen erschienen. Die erste Übersetzung von Dr. Karachs Vortrag wurde 1991 in »Natur und Medizin«, einer Schriftenreihe der Fördergemeinschaft für Erfahrungsheilkunde (Karl und Veronica Carstens Stiftung) veröffentlicht.

Mit der Zeit gingen in der Bonner Redaktion von »Natur und Medizin« mannigfaltige Erfahrungsberichte aus aller Welt ein. Patienten, die die Wirkung der Ölziehkur am eigenen Leib erprobt hatten, bestätigten, wie gut diese einfache volksmedizinische Maßnahme in ihrem speziellen Fall geholfen hat.

Viele der Patienten waren erst aufgrund eines enormen Leidensdrucks auf die Ölziehkur gestoßen. Ihre Beschwerden hatten sich mit den Jahren verschlimmert, die Krankheit war schließlich chronisch geworden und alle herkömmlichen Therapien hatten nur zeitweise Linderung gebracht oder waren mit unerwünschten Nebenwirkungen verbunden. Viele der Patienten galten im medizinischen Sinne als austherapiert. Sämtliche Heilerfolge und Dankesschreiben (und auch die wenigen Negativberichte) wurden in »Natur und Medizin« abgedruckt und von Ärzten fachmännisch kommentiert. Nach Auswertung aller positiven Rückmeldungen nach der Durchführung der Ölziehkur, kam man zu folgendem Ergebnis:

▶ Sehr gute Erfolge erzielte man bei allen Erkrankungen im Bereich des Kopfes (Beschwerden der Stirn- und Kieferhöhlen, Sehstörungen, Hörschwäche, Entzündungen der Augen/Ohren, Kopfschmerzen etc.) und bei Erkrankungen im Nasen-Rachen-Raum, den Bronchien und Luftwegen (Bronchitis, Husten, Heiserkeit, Verschleimung, Schnupfen etc.), auch wenn sie bereits chronisch geworden waren.

▶ An zweiter Stelle stand die vorbeugende Abwehr von Erkältungskrankheiten und grippalen Infekten.

▶ An dritter Stelle stand die Besserung aller Erkrankungen im Mundraum (Zahnschmerzen, Zahnbelag, Parodontose, Zahnstein, eitrige Mandeln u. a.).

▶ Danach folgten, etwa gleichwertig, die Besserung der Erkrankungen aus dem rheumatischen Formenkreis, von Gelenkschmerzen, Hauterkrankungen, nervös bedingten Störungen wie Depressionen oder Schlafstörungen.

Wundermittel Ölziehkur?

Dr. med. Veronica Carstens, die Vorsitzende der Fördergemeinschaft für Erfahrungsheilkunde »Natur und Medizin«, die sich zum Ziel gesetzt hat, Hochschulmedizin, Naturheilkunde und Homöopathie miteinander zu verbinden, pries aufgrund dieser positiven Rückmeldungen die Sonnenblumenöl-Mundspülungen als eines der einfachsten, preiswertesten und gleichzeitig wirksamsten Heilverfahren der Medizin. Es handelt sich um eine besondere Form der Ganzheitsmedizin. Wenn manche aber, im Überschwang der Gefühle auf die Besserung ihres Gesundheitszustandes hin, das Ölspülen euphorisch als Wunder- oder Allheilmittel anpreisen, so ist dies natürlich überzogen.

Heilerfolge konnten sogar bei bereits chronisch gewordenen Erkrankungen und bei im medizinischen Sinne als »austherapiert« geltenden Patienten erzielt werden.

Keine wirtschaftlichen Interessen

Günter W. Frank führte in der Zeitschrift »Natur und Heilen« (Heft 4/1991) aus: »Was diese Therapie von anderen Empfehlungen unterscheidet und glaubwürdig macht, ist: Niemand kann ein großes wirtschaftliches Interesse an ihrer Verbreitung haben. Sonnenblumenöl hat sowieso fast jeder in seinem Haushalt. Hinter der Empfehlung scheint der ideelle Wunsch zu stehen, den Mitmenschen zu helfen, ohne dass Gewinnstreben eine Rolle spielt. Dieses Bestreben ist in der russischen Medizin vielfach zu beobachten und zeichnet sie aus.«

Jeder kann sich leicht selbst von den Ergebnissen dieses billigen, unkomplizierten und nebenwirkungsfreien Heilmittels überzeugen. Bei schon länger währenden Beschwerden sollte man allerdings bis zu einem Jahr ölschlürfen.

Die Heilerfolge – ein Beispiel

Von einer holländischen Ärztin, Dr. Rosi Frey, existiert eine Versuchsreihe mit 30 Personen, die über zwei Monate lang ein- bis zweimal täglich das Ölziehen ausübten. Es konnte eindeutig festgestellt werden, dass sich bei 80 Prozent der beteiligten Personen die Beschwerden nach der Kur gebessert hatten. Insbesondere war eine Linderung von Beschwerden im Hals-Nasen-Ohren-Bereich, Gelenkschmerzen, chronischen Kopfschmerzen, Schlafstörungen, Erschöpfungszuständen, Konzentrationsstörungen, Magenproblemen, Zahnfleischentzündungen und Zahnschmerzen zu verzeichnen. Wissenschaftliche Beweise für die Wirkungsweise der Ölziehkur stehen leider bisher noch aus. Es handelt sich bei dieser Anwendung eben »um ein typisches Volksheilmittel bzw. um echte Erfahrungsheilkunde«, so Dr. Veronica Carstens. Und »Wer heilt, hat recht«, weiß schon der Volksmund. Dr. Karach selbst hat mit Hilfe der Araschid-Therapie eine chronische Bluterkrankung, an der er 15 Jahre lang litt, sowie eine Arthrose ausgeheilt.

Wie die Öltherapie funktioniert

Dass über die Mundschleimhaut Schadstoffe ausgeschieden werden, weiß jeder, der schon einmal einige Tage gefastet hat. Die belegte Fastenzunge ist Ausdruck einer verstärkten Entgiftung des Körpers über die Mundhöhle. Nun berichteten Personen, die während einer Fastenkur auch »ölten«, dass die typische Fastenzunge dabei ausblieb. Nach Dr. Veronica Carstens übt das Bewegen des Öls im Mund einen Reiz auf die Mundhöhlenschleimhaut aus, der sie zur Ausleitung von Stoffwechselschlacken oder Giftstoffen bewegt. Mit Hilfe des Öls werden die Schadstoffe praktisch aus dem Körper herausgezogen (auch daher die Bezeichnung »Ölziehkur«). Die Schadstoffe werden dann an das Öl gebunden, »wodurch sich auch die Beschaffenheit des Öls verändert«, und verlassen mit dem Öl den Körper. Auch Krankheitserreger, die sich im Zahnfleisch, den Mandeln oder Nebenhöhlen befinden, werden so entfernt. Das Öl regt einerseits zur Ausscheidung von Schadstoffen an und ist andererseits die Trägersubstanz, die ausgeschiedene Giftstoffe über die Mundschleimhaut an sich bindet.

Reinigung und Entgiftung

G. P. Malachow, Autor eines in St. Petersburg erschienenen Buches mit dem Titel »Heilkräfte: Die Reinigung des Organismus«, berichtet über die Wirkungsweise der Ölziehkur: »Unsere Speicheldrüsen spielen nicht nur eine wichtige Rolle bei der Verdauung, sondern auch bei der Ausscheidung von verschiedenen Stoffwechselprodukten und Giften. Beim Ölkauen und Lutschen erhöht sich der Blutfluss durch die Drüsen um das Drei- bis Vierfache: Die reinigende Wirkung dieser speziellen Filter wird damit erheblich gesteigert. Der Organismus befreit sich so von schädlichen Mikroben, Toxinen und Säuren, der Gasaustausch wird verstärkt und der Stoffwechsel aktiviert.« Darüber hinaus werden durch das Ölkauen über die Speicheldrüsen auch die Leber und das gesamte Verdauungssystem angeregt. (Bekanntlich beginnt die Verdauung bereits im Mund.) Diese Belebung der Entgiftungs- und Ausscheidungsorgane hilft dem Organismus zusätzlich bei seiner Reinigungsarbeit.

Alles schwingt

Der deutsche Forscher Gerd Ebeling erklärt die Wirksamkeit einer Ölziehkur, wobei er auch den Zähnen eine wesentliche Rolle beimisst, auf folgende Weise: »Jede Form von Materie beruht auf dem Prinzip

Nicht nur über den Zeitraum des Ölschlürfens, sondern bis zu fünf Stunden nachher können im Körper Schwingungen entstehen, die über die Zähne den ihnen jeweils zugeordneten Organen und Geweben mitgeteilt werden. Dadurch können sich schädliche Ablagerungen lösen.

der Schwingung, und verschiedene Ölsorten erzeugen unterschiedliche Frequenzen. Beim Ölschlürfen entstehen ebenfalls Schwingungen, die über die Zähne den ihnen jeweils zugeordneten Organen und Geweben mitgeteilt werden. Dadurch kommt es zu einer intensiven Entgiftung dieser Körperbereiche. Es können Ablagerungen gelöst und den Organen und Drüsen zugeführt werden, welche diese ausscheiden.« Die Erfolge des Ölziehens beruhen demnach auf der Tatsache, dass zwischen den Zähnen, dem Zahnfleisch, der Zunge und dem gesamten Mundinneren einerseits und dem übrigen Körper andererseits enge Verbindungen und Wechselbeziehungen bestehen. Wer nur noch wenige oder gar keine eigenen Zähne mehr hat, braucht übrigens nicht aufs Ölspülen zu verzichten, wie man manchmal liest. Die Entgiftungsarbeit leistet dann ausschließlich die Mundschleimhaut.

Saunagänge, Obst- oder Safttage unterstützen die entschlackende Wirkung einer Ölziehkur. Und: Zusammen geht es leichter. Wenn die ganze Familie am »Gesundheitsprogramm« teilnimmt, kann das nicht schaden – im Gegenteil!

Was man noch tun kann

Auch andere Techniken zur Entschlackung und Entgiftung des Organismus, wie regelmäßige Teilfastentage oder Trinkkuren oder die Ausleitung von Giftstoffen über Lunge und Haut durch Schwitzen und Bewegung sind effektive Methoden, um den Körper von Schlacken und Giftstoffen zu entlasten.

Am allerbesten wäre es, wenn man verschiedene Entschlackungs- und Entgiftungsmaßnahmen miteinander kombiniert, also beispielsweise eine Fastenwoche und regelmäßige Ölspülungen. Die Wirkung einer Ölziehkur wird darüber hinaus intensiver sein, wenn sie mit einer vernünftigen Ernährungs- und Lebensweise einhergeht.

Jeder nach seinem Geschmack

In Weißrussland und der Ukraine wird die Ölziehkur traditionell mit dem Öl der Sonnenblume, einer der ertragreichsten und gesundheitlich wertvollsten Ölpflanzen, praktiziert. Dr. Veronica Carstens tendiert daher zum Originalrezept. »Denn wenn ein ganzes Volk mit Sonnenblumenöl gute Erfahrungen macht, sollte man den Brauch so genau wie möglich nachahmen.« Ein weiterer Vorteil: Sonnenblumenöl ist bei uns überall erhältlich. »Und sollte es ausnahmsweise einmal nicht zur Verfügung stehen, geht es wahrscheinlich genauso gut mit einer anderen Ölsorte.« Dazu eignen sich dann hochwertige Pflanzenöle wie Erdnuss-, Oliven- oder Sesamöl. Die Öle sollten jedoch immer kaltgepresst sein und aus biologischem Anbau stammen. (Im Ayurveda, der traditionellen indischen Gesundheitslehre, setzt man insbesondere auf die ausleitende Wirkung des Sesamöls).

Ölkuren im Ayurveda

Die ayurvedische Medizin, abgeleitet von »ayus« = Leben und »veda« = Wissen, geht auf die Veden, die ältesten philosophischen Schriften der indogermanischen Völker zurück. In der indischen Ernährungslehre wird der Ausleitung von Schlacken und Toxinen, die als eine Brutstätte für Krankheiten gelten, eine wichtige Rolle zugewiesen. Bestandteil der täglichen Hygiene ist die Reinigung des Mundraums mit dem sehr fein strukturierten Sesamöl. Die indische Form der Ölziehkur wird als Gandhusa bezeichnet. Sie unterscheidet sich von der russischen Spielart und ist vielleicht sogar als Ursprung der Ölziehkur anzusehen.

Eine wichtige Rolle spielt in der indischen Ernährungslehre das Ausleiten der Giftstoffe durch den Körper. Dazu gehört auch die Gandhusa, die indische Variante der russischen Ölziehkur.

Gandhusa – Gurgeln mit Sesamöl

Für die Mundspülung oder Munddusche mit Öl wählen Sie ein gutes, kaltgepresstes Sesamöl. Sesamspülungen bekämpfen Krankheitserreger im Mund- und Rachenraum, bewahren vor Entzündungen und Pilzerkrankungen und leiten Giftstoffe über die Mundschleimhaut aus. In den Veden, den indischen heiligen Schriften, steht über die Heilwirkung von Gandhusa: »Die Mundspülung mit Öl verleiht Stärke in Kiefer und Stimme, formt das Gesicht, verbessert das Geschmacksempfinden und den Genuss am Essen. Es verhindert Trockenheit von Hals und Lippen, schützt die Zähne und kräftigt ihre Wurzeln.« Wenn Sie streng nach ayurvedischen Richtlinien vorgehen, müssen Sie das Öl extra aufbereiten, ehe Sie es zum Spülen verwenden. Am besten präparieren Sie die nötige Menge Öl für 8 bis 14 Tage auf einmal.

Aufbereitung des Öls

▶ Gießen Sie das Öl in einen Topf, fügen einige Tropfen Wasser hinzu und erhitzen es allmählich auf etwa 100 °C.

▶ Ist diese Temperatur erreicht, dann spritzt und knistert das Wasser hörbar in dem Öl. Das Öl ist jetzt richtig aufbereitet, man spricht von gereift.

▶ Gereiftes Öl soll Schadstoffe und Krankheitserreger besser aufnehmen und dringt bei äußerlichen Anwendungen rascher in die Haut ein.

▶ Füllen Sie das Öl, das durch die Prozedur dünnflüssiger geworden ist, in einen Behälter. Wenn es ausgekühlt ist, ist es fertig zur Anwendung.

▶ Falls Ihnen das Aufbereiten des Sesamöls zu aufwändig ist, können Sie es, wie bei der russischen Variante der Kur, mit Sonnenblumenöl pur versuchen.

Ölspülung mit Sesamöl

▶ Sie spülen morgens nach dem Aufstehen auf nüchternen Magen.
▶ Vor dem Ölspülen erst den Mund mit warmem Wasser ausspülen.
▶ Sie nehmen einen Esslöffel des präparierten Öls in den Mund, spülen, saugen und ziehen es zwischen den Zähnen hindurch; zusätzlich gurgeln Sie mit dem Öl. Die Spüldauer beträgt nur etwa drei Minuten. Wer das Bedürfnis hat, kann anschließend noch eine zweite Ölspülung mit frischem Öl machen. Zum Schluss den Mund mit warmem Wasser reinigen und die Zähne gründlich putzen.

Für die indische Form der Ölziehkur brauchen Sie etwas mehr Zeit, weil das Öl extra aufbereitet – sprich erhitzt und mit Wasser vermengt – werden muss.

Kavala – das stille Spülen

Es gibt noch eine Variante des Spülens mit Sesamöl: Kavala, die stille Spülung. Sie regt besonders die Speichelbildung an, vermindert Krankheitserreger im Mund, beugt Karies und Parodontose vor. Sogar die Verdauung wird über die Geschmacksknospen auf der Zunge reguliert.
▶ Geben Sie so viel des aufbereiteten Sesamöls in den Mund, dass die Backen leicht gebläht sind, und behalten Sie es ruhig darin, ohne zu saugen, zu gurgeln oder zu ziehen.

▶ Sie halten das Öl so lange im Mund, bis Ihnen Tränen in die Augen steigen oder Sie ein Unbehagen verspüren. Das kann schon nach einer halben, aber auch erst nach fünf Minuten der Fall sein.
▶ Dann spucken Sie das Öl in einen Behälter, spülen mit warmem Wasser nach und putzen sich die Zähne.

Die Gesundheit fördern

Sie kennen jetzt drei verschiedene Vorgehensweisen für das Ölspülen, auch mit unterschiedlichen Ölen. Probieren Sie aus, welche Methode und welche Geschmacksrichtung Ihnen am ehesten zusagt. Aber: Nicht jede Methode ist für jeden Anwender gleichermaßen geeignet. Und wer sich jeden Morgen aufs Neue regelrecht zum Ölspülen zwingen muss, der sollte nach einer anderen Entschlackungsmethode Ausschau halten.
Man muss das Ölziehen auch nicht jahrelang, tagaus, tagein praktizieren. Eine Pause in der Behandlung ist durchaus zulässig.

Die beste Zeit für eine Kur

Für viele reicht es völlig aus, wenn sie das Ölziehen zweimal im Jahr, beispielsweise im Herbst und im Frühjahr, vielleicht vier bis sechs Wochen lang kurmäßig ausführen. Manchen ist auch der Winter für eine Kur lieber als der Sommer. Es fällt ihnen leichter, mit einer Ölspülung in den Tag zu starten, wenn es draußen dunkel und unfreundlich ist. Allerdings sollte, wer unter einer chronischen Krankheit leidet, das Ölziehen ausdauernd über einen längeren Zeitraum durchführen. Denn hartnäckige Leiden bedürfen bekanntermaßen auch einer konsequenten Behandlung. Allerdings wird das Ölziehen, wie andere Volksheilmittel auch, bei einem akuten Leiden immer nur eine zusätzliche Maßnahme sein. Sie entbindet nicht von einer genauen Diagnose und Therapie durch einen Arzt. Am besten wenden Sie die Öltherapie vorsorglich an, zur Förderung der Gesundheit an sich. So reinigen Sie regelmäßig den Organismus, aktivieren Ihre Immun- und Selbstheilungskräfte und bleiben gesund.

Eine Öltherapie kann auch vorsorglich, zur Förderung der Gesundheit an sich, durchgeführt werden. Dadurch wird der Organismus gereinigt und die Immun- und Selbstheilungskräfte werden aktiviert.

Natürliche Öle und Parfüms waren schon bei den Ägyptern beliebte Duft- und Pflegemittel.

Um sich vor der Sonne zu schützen, umgeben sich z. B. Myrrhen- oder Olibanumsträucher mit einem feinen Dunst ätherischer Öle, die die Sonnenstrahlen filtern und abschwächen. Offenbar helfen die Öle der Pflanze, sich ihrer Umgebung anzupassen und widerstandsfähiger zu werden.

Gesund und schön durch Ölanwendungen

Wunderwelt der ätherischen Öle

Ätherische Öle sind intensiv duftende Pflanzensubstanzen. Sie werden in winzigen Öltröpfchen in kleinen Drüsen an Blättern, Wurzeln, Rinden, Holz, Schalen, Samen, Blüten oder Früchten gebildet. Es handelt sich um reine konzentrierte Essenzen dieser Pflanzen. In ihnen ist das Wesen und die Lebenskraft der Pflanze enthalten.

Innerhalb der Pflanze regulieren die ätherischen Öle (aus dem Griechischen: »aither« = Himmelsluft) den Stoffwechsel, steigern die Widerstandskraft und dienen zum Schutz vor Schädlingen und Krankheiten. Beim Menschen regen ätherische Öle den Stoffwechsel, die Durchblutung und die Ausscheidung von Schadstoffen an, schützen vor Krankheitserregern, stimulieren die Ausschüttung von Hormonen und die Zellerneuerung. Dazu aktivieren sie insgesamt die körpereigenen Abwehr- und Selbstheilungskräfte. Manche dieser Essenzen, wie z. B. der Weihrauch, wirken sogar keimtötend.

Wirkung der Aromaöle

Aromaöle werden seit vielen Jahrhunderten zum Heilen, zur Körperpflege und Insektenabwehr, für religiöse Zeremonien u.v.m. verwendet. Heute hat man die ätherischen Öle wiederentdeckt. Sie werden Bädern, Massageölen, Kompressen und natürlichen Pflegepräparaten zugesetzt, man füllt sie in Duftlampen, verwendet sie als Aufgussöl in der Sauna, für Inhalationen, zur Aromatisierung von Speiseölen sowie als subtiles Heilmittel in der Aromatherapie, bei der durch Duftstoffe gezielt Einfluss auf körperliche, geistige oder seelische Befindlichkeiten genommen wird.

Anwendungsgebiete ätherischer Öle

Die ätherischen Öle werden fast immer äußerlich angewandt. Sie wirken entweder über die Nase und den Geruchssinn oder über die Haut. Düfte beeinflussen das limbische System, jenen Teil des Gehirns, in dem die Gefühle entstehen. Sie vermögen Wohlgefühle und Zufriedenheit hervorzurufen und können so zur Entspannung beitragen. Negative Gedanken und schlechte Laune verflüchtigen sich. Stress, Sorgen und Unruhe fallen ab, die Seele gesundet.

Ätherische Öle – naturrein oder synthetisch?

Die Gewinnung der ätherischen Öle erfolgt auf schonende Weise durch Wasserdampfdestillation oder bei Fruchtschalen durch Kaltpressung. Achten Sie darauf, dass Ihr ätherisches Öl 100-prozentig naturrein und damit unverfälscht ist. Das hat natürlich seinen Preis. Bei Duft- oder Parfümölen handelt es sich um synthetische Nachbildungen, die weniger kosten, aber dafür auch einen geringeren therapeutischen Nutzen haben. Echte Aromaöle sind hoch konzentriert und äußerst wirkintensiv und werden daher nur tropfenweise dosiert. Sie verdunsten an der Luft leicht. Jedes Öl hat einen spezifischen Duft und eine ganz besondere Wirkungsweise. Aber nicht alle Öle sind für alle Personen gleichermaßen geeignet. Ätherische Öle sind in Kräuterfachgeschäften, Reformhäusern, Drogerien und Apotheken erhältlich.

Etwa 4000 verschiedene Düfte gibt es in der Natur, kaum eine Pflanze ist frei von ätherischen Ölen. Allerdings spricht man erst dann von ätherischem Öl, wenn der Gehalt an Duftölen bis zu zehn Prozent erreicht.

Wann Sie auf Aromaöle verzichten sollten

▶ Als Allergiker: auf Cassia, Lorbeer, Zimtrinde, Zitrusöle
▶ Bei Bluthochdruck: auf Rosmarin, Salbei, Thuja, Thymian, Ysop
▶ Während der Schwangerschaft: auf Fenchel, Rosmarin, Salbei, Wacholder, Zeder

▶ In den ersten Schwangerschaftsmonaten zusätzlich: auf Myrrhe, Pfefferminze, Rose, Thymian, Zypresse
▶ Als Epileptiker: auf Basilikum, Fenchel, Kampfer, Krauseminze, Salbei, Thuja, Ysop, Wermut, Zeder, Zypresse

Pflege und Wohltat für den Körper

Massageöl

Ätherische Öle werden von der Haut leicht aufgenommen und über die Gewebe verteilt. Es ist ratsam, vorsichtig mit konzentrierten Düften umzugehen, weil die Haut auch allergisch reagieren kann. Zum Testen das Duftöl im Verhältnis 1:10 mit normalem Öl mischen und in der Armbeuge auftragen.

Massagen oder Einreibungen mit Öl wirken krampflösend und schmerzlindernd. Das Öl dringt mit seinen wertvollen Wirkstoffen in die Haut ein und macht sie zarter und straffer. Darüber hinaus verstärkt sich dort, wo mit Öl behandelt wird, aufgrund eines Wärmeisolationseffekts die Durchblutung der Gewebe. Überschüssige Säuren und Schlacken werden leichter abtransportiert. Solche Ölmassagen empfiehlt die Volksmedizin bei Rückenschmerzen, Muskelkater, Hexenschuss, Muskelkrämpfen und Verspannungen.

Zutaten: 100 ml eines guten Öls (Maiskeim-, Sonnenblumen-, Erdnuss-, Sesam- oder Weizenkeimöl) • 50 ml Distelöl (oder Sojaöl) • 50 ml Olivenöl • einige Tropfen eines ätherischen Öls (z.B. Rosen-, Kamillen-, Apfelblüten- oder Lavendelöl)

Anwendung: Die Öle mit dem Schneebesen oder Mixer vermischen und in eine dunkle Flasche füllen. Die schmerzenden Partien mehrmals täglich mit dem Öl gut einreiben. Bei lang anhaltenden Verspannungen lassen Sie die Ursache von einem Arzt klären.

Eine Ölmassage ist wohltuend für Körper und Seele. Um die entspannende Wirkung zu verstärken, empfiehlt es sich, das Öl vor der Anwendung leicht anzuwärmen und mit gleichmäßigen Bewegungen einzumassieren.

Blütenöl

Mit Blüten aromatisierte Öle sind zur Pflege von Körper und Gesicht geeignet. Öle zur Körper- und Gesichtspflege werden immer in die gereinigte, noch feuchte Haut einmassiert. Öl und Wasser verbinden sich dann zu einer Emulsion, die rasch in die Haut einzieht und keinen klebrigen Film zurücklässt.

Zutaten: 2 Hand voll getrocknete Blüten, z.B. Orangen-, Kamillen-, Lavendel-, Linden-, Veilchen- oder Rosenblüten (entweder selbst getrocknet oder aus Apotheke/Reformhaus) • 50 ml süßes Mandelöl oder Weizenkeimöl

Anwendung: Die getrockneten Blüten in ein weites Gefäß füllen und mit dem kaltgepressten Pflanzenöl übergießen, so dass sie bedeckt sind. Den Behälter verschließen und an einem kühlen, dunklen Ort 1 bis 2 Wochen ziehen lassen. Das Öl dann durch ein Mulltuch oder einen Papierfilter abgießen, dabei die Blüten nochmals gut ausdrücken. Wenn man 3 Tropfen des ätherischen Pfefferminzöls hinzufügt, wird das Öl haltbarer. Das Blütenöl in einer dunklen Flasche aufbewahren und täglich den Körper damit einreiben oder Gesicht, Hals und Dekolletee abtupfen.

Tipp: Sie können eine normale Hautcreme in Wirkung und Aroma anreichern, indem Sie ihr bei jeder Anwendung jeweils einige Tropfen des Blütenöls beimengen.

> Eine Grundregel ist es, morgens aktivierende und abends beruhigende Essenzen anzuwenden. So ist man tagsüber wach und leistungsfähig und abends angenehm müde.

Badezusätze mit Öl

Öl-Milch-Bad

Dieser Badezusatz für trockene Haut ist leicht herzustellen.

Zutaten: 1 Tasse Vollmilch • 1 EL Olivenöl • ein paar Tropfen Aromaöl – je nach Geschmack

Anwendung: Sie fügen einfach die Vollmilch, das Olivenöl und das Aromaöl dem einlaufenden Badewasser hinzu. Ergebnis ist ein Bad, in dem man sich wie Kleopatra fühlen kann.

Ölbad mit Buttermilch

Buttermilch ist ein altbekanntes Pflegemittel für jeden Hauttyp. Dieses Schönheitsbad erfrischt, macht die Haut zart, glättet Falten und durchfeuchtet die Haut. Ein Buttermilchbad (ohne Öl) lindert die schmerzhaften Folgen eines Sonnenbrands.

Zutaten: 3 l frische Buttermilch • Olivenöl

Anwendung: Den Körper vor dem Bad mit Olivenöl einreiben. Währenddessen das Badewasser einlaufen lassen und die frische Buttermilch hinzufügen. 15 Minuten baden, anschließend abtrocknen und nicht mehr nachcremen.

Im Allgemeinen gilt: Die Essenz, deren Duft spontan als angenehm wahrgenommen wird, ist auch die richtige. Jede Essenz überträgt durch ihren Duft ihre charakteristische Schwingung auf den Körper und kann daher aus dem Lot geratene Gemütszustände wieder ins Gleichgewicht bringen.

Gesichtspflege

Blütenöle zur Gesichtsreinigung

Blütenöle (wie auf Seite 78 unter »Pflege und Wohltat für den Körper« beschrieben) oder auch Öl pur sind zur Reinigung von Gesicht, Hals und Dekolletee geeignet. Die sorgfältige Hautreinigung jeden Tag ist das A und O einer soliden Gesichtspflege. Erst wenn feine Schmutzpartikel, Schweiß, Fett und Make-up-Reste gründlich entfernt sind und die Haut naturbelassen ist, können Nähr- und Pflegeprodukte ihre Wirkung richtig entfalten.

Öle sind zur Hautreinigung der trockenen oder empfindlichen Haut ideal. Man feuchtet die Haut erst mit Wasser leicht an, massiert das Reinigungsöl ein und spült es mit Wasser ab.

Einfaches Reinigungsöl

Ein einfaches Reinigungsöl erhalten Sie, wenn Sie Olivenöl, süßes Mandelöl und frischen Erdbeersaft zu gleichen Teilen vermischen.

Anwendung: Rühren Sie jeweils nur die Menge für einige Tage an, und bewahren Sie das Reinigungsöl im Kühlschrank auf. Damit die Haut wie oben beschrieben reinigen.

Rasche Pflege zwischendurch – Gesichtspackungen

Diese Gesichtspackung belebt und durchfeuchtet reife und trockene Haut und ist im Nu fertig.

Zutaten: 1 Pfirsich oder 1 Banane • Olivenöl

Anwendung: Den reifen Pfirsich oder die Banane zerdrücken und mit etwas Olivenöl verrühren. Auf die gereinigte Gesichtshaut auftragen und 15 Minuten einwirken lassen. Mit einem Papiertaschentuch abnehmen und nicht mehr nachcremen.

Antifaltenpackung

Zutaten: 1 Eigelb • Olivenöl oder 1/2 reife Avocado • süßes Mandelöl

Anwendung: Eigelb mit dem Olivenöl verrühren, auftragen und 15 Minuten lang einwirken lassen. Wenn Sie währenddessen ein Vollbad nehmen, wird durch die Feuchtigkeit die Wirkung noch verstärkt. Oder Sie pürieren 1/2 Avocado und mischen etwas Olivenöl oder süßes Mandelöl dazu. 1/4 Stunde einwirken lassen. Reife, müde und trockene Haut wird rasch vitalisiert.

Tipp: Wenn Ihre Tages- oder Nachtcreme einmal ausgegangen ist, können Sie stattdessen auch ein naturreines Olivenöl zur Gesichtspflege verwenden. Einen Wattebausch kurz in heißes Wasser halten, ausdrücken und etwas Olivenöl darauf träufeln. Gesicht, Hals und Dekolletee damit abtupfen.

Gesichtspackung mit Mandelöl

Diese Packung verwöhnt reife, trockene und beanspruchte Haut.

Zutaten: 3 EL süße Mandeln • 1 1/2 EL flüssige Sahne • 1/2 TL Honig 1–2 EL süßes Mandelöl

Anwendung: Die Mandeln häuten, fein mahlen und mit den übrigen Zutaten gut verrühren, so dass eine glatte Creme entsteht. Die Packung auf die gut gereinigte Haut auftragen, etwa 30 Minuten einwirken lassen und mit einem Papiertuch sanft abnehmen. Anschließend nicht mehr nachcremen.

Einige Duftöle, insbesondere Bergamotte, Kamille und Lavendel, können sogar die Produktion weißer Blutzellen stimulieren und dazu beitragen, das Immunsystem und die Abwehrkräfte des Körpers zu stärken.

Packung mit Ei

Die Packung aus der Speisekammer glättet und verschönt beanspruchte, reife und trockene Haut.
Zutaten: 1 Eigelb • süßes Mandel- oder Weizenkeimöl
Anwendung: Verrühren Sie Eigelb mit Mandel- oder Weizenkeimöl. Die Creme aufs Gesicht auftragen und 30 Minuten einwirken lassen. Mit warmem Wasser abwaschen.
Tipp: Die Augenlider pflegt man, indem man sie nach dem Abschminken, ohne zu zerren, mit süßem Mandelöl einreibt.

Schon seit dem Altertum werden aus fettreichen Pflanzen, Früchten und Samen Öle gewonnen: Bereits so lange schon wird Öl nicht nur für die Zubereitung des Essens verwendet, sondern auch in der Medizin, insbesondere für die Hautpflege.

Haarpflege mit Öl

Kopfmassage mit Öl

Die indische Gesundheitslehre verspricht, dass regelmäßige Kopfmassagen mit Sesamöl vor Kopfschmerzen, Haarausfall und vorzeitigem Grauwerden der Haare bewahren. In den Veden steht sogar, »indem man Sesamöl auf den Kopf bringt, fördert man gesunden Schlaf und Glücklichsein«. Probieren Sie es aus, sicher ist, dass Ölmassagen die Kopfhaut durchbluten, die Haarwurzeln mit mehr Nährstoffen versorgen und das Haar glänzend und leicht frisierbar machen.
Anwendung: Massieren Sie etwa 1 Esslöffel Sesamöl mit den Fingerkuppen in kreisenden Bewegungen in die Kopfhaut ein. Einziehen lassen, dann die Haare mit einem milden Shampoo waschen. Gelegentlich das Öl auch über Nacht einwirken lassen.

Haarpackung zur Pflege der Kopfhaut

Anwendung: Olivenöl und Haselnussöl zu gleichen Teilen mischen und etwa 1 Stunde vor dem Haarewaschen sparsam auf die Kopfhaut auftragen. Man kann stattdessen auch Rizinusöl verwenden. Nach einer alten vedischen Spruchweisheit »hängt die Qualität der Haare von der Fruchtbarkeit des Bodens ab, auf dem sie wachsen«.

Haarpackung gegen Haarausfall

Gegen Haarausfall gibt es ein altes Ölrezept, das man durchaus einmal versuchen kann. Auch eine Reihe von Präparaten der Haarkosmetik gegen Haarausfall sind auf der Basis des Rizinusöls hergestellt.

Anwendung: Für den Hausgebrauch mischt man Rizinusöl, Rum und starken schwarzen Tee zu gleichen Teilen und massiert die Packung in die Kopfhaut ein. Einige Stunden oder über Nacht einwirken lassen. Danach die Haare 2-mal waschen. Bei stärkerem, länger andauerndem Haarausfall sollte man allerdings einen Hautarzt konsultieren.

Bei strapaziertem Haar und gespaltenen Spitzen

Ölpackungen mit Mandelöl verbessern die Haarstruktur.

Anwendung: Bei gefärbtem oder durch Dauerwelle strapaziertem Haar bzw. leicht gespaltenen Haarspitzen massiert man süßes Mandelöl in die Haare und insbesondere die Spitzen ein. Etwa 1 Stunde einwirken lassen, ehe man das Haar shampooniert. Bei trockenem Haar verfährt man ebenso, nimmt jedoch Weizenkeimöl. Bei starkem Haarspliss hilft dauerhaft jedoch nur das Abschneiden der Spitzen bis zum gesunden Ansatz.

Kamillenöl ist eine für blondes Haar empfehlenswerte Essenz, weil sie es noch leuchtender macht. Rosenöl lässt das Haar wunderbar duften und Patschuliöl schenkt dunklem Haar einen zart-sinnlichen Duft.

Haarwäsche mit Ölshampoo

Ein Ölshampoo reinigt die Haare auf milde Weise, nährt und pflegt sie gleichzeitig. Es ist besonders für trockenes und strapaziertes Haar geeignet.

Zutaten: 2 1/2 EL Sesam-, Mandel- oder Sonnenblumenöl
3–4 EL Kichererbsen-, Mungobohnenmehl (bzw. Gersten-, Weizen- oder Hafermehl)

Anwendung: Vor der Haarwäsche massieren Sie mit den Fingerspitzen etwas Öl in die Kopfhaut ein. Verrühren Sie dann das restliche Öl mit dem Mehl zu einer Paste. Eventuell mit etwas warmem Wasser verdünnen. Mit der Paste 1- bis 2-mal das Haar shampoonieren und gut nachspülen.

Tipp: Sie können Bohnen- oder Erbsenmehl selbst herstellen, indem Sie die getrockneten Hülsenfrüchte in der elektrischen Kaffeemühle fein mahlen. Gersten- und Hafermehl bekommen Sie im Reformhaus.

Gepflegte Hände und Füße

Handmassage mit Öl

Eine Handmassage mit Öl sollte man einmal wöchentlich durchführen. Das durchblutet und pflegt die Hände.
Zutaten: 2 EL Sesam- oder Mandelöl • 1–2 Tropfen Aromaöl Ihrer Wahl, z. B. Rose, Sandelholz, Jasmin, Maiglöckchen
Anwendung: Wärmen Sie das Öl im Wasserbad auf Körpertemperatur an und fügen das Aromaöl hinzu. Arbeiten Sie das Öl mit kreisenden Bewegungen in die Hände ein. Starten Sie am Handgelenk, massieren über den Handrücken bis hin zu den Fingerspitzen. Dann massieren Sie die Innenseite der Hände, von den Fingerspitzen über die Handteller zum Handgelenk.
Tipp: Geben Sie etwas Öl auf den Handteller und rollen den Kern einer Avocado, an dem noch etwas Fruchtfleisch haften darf, sanft zwischen beiden gefalteten Händen hin und her. Die Hände werden so gleichzeitig massiert und gepflegt.

Fußgeruch kann man mit regelmäßigen Fußbädern mit Zypressenöl in den Griff bekommen. Es wirkt wie ein natürliches Deodorant. Pfefferminzöl in kaltem Wasser ist das optimale Fußbad für heiße und überanstrengte Füße.

Handbad mit Olivenöl

Anwendung: 1 Tasse Olivenöl erwärmen, ein paar Spritzer Zitronensaft hinzufügen und die Hände regelmäßig darin baden. Ergibt garantiert weiche Hände und festigt die Nägel.

Handpackung

Verwöhnen Sie Ihre Hände ab und zu mit einer Ölpackung. Während der Einwirkzeit empfiehlt es sich, dünne Einmalhandschuhe aus dem Supermarkt darüber zu ziehen.

Öle und Fette führen der Haut auch äußerlich notwendige Nährstoffe zu und unterstützen die Funktionen und das Wachstum der Haut. Zitrone wirkt keimtötend, erfrischend und kühlend vor allem auf die fettige Haut.

Anwendung: 1/2 reife Avocado zerdrücken, mit etwas Olivenöl cremig rühren, eventuell einen Spritzer Zitronensaft zufügen. Die Masse auf die Handrücken auftragen und 30 Minuten lang einziehen lassen. Die Reste mit einem Papiertuch abnehmen.

Ölfußmassage

Eine Fußmassage mit Öl belebt und pflegt die Füße, verwöhnt insbesondere schmerzende und schwitzende Füße. Die Fußmassage vor dem Schlafengehen entspannt und fördert den gesunden Schlaf.
Zutaten: 1/4 Tasse Sesam- oder Sonnenblumenöl • 5 Tropfen Aromaöl Ihrer Wahl (z. B. Rose, Jasmin, Sandelholz, Lavendel oder Melisse)
Anwendung: Die Füße in Seifenlauge waschen. Währenddessen das Öl im Wasserbad erwärmen und mit dem Aromaöl vermischen. Das Öl mit beiden Händen gut in die Füße einarbeiten.
Tipp: Wenn Sie Ihren Füßen generell etwas Gutes tun möchten, verzichten Sie doch auf Ihrem Arbeitsweg auf zu hohe, einengende oder unbequeme Schuhe, und ziehen Sie stattdessen bequemes und wenn möglich luftdurchlässiges Schuhwerk an (zum Wechseln können Sie natürlich die anderen Schuhe mitnehmen).

Jede Körperregion spiegelt sich in einer eigenen Fußreflexzone am Fuß wider. Reizbarkeit, Übelkeit, Kopfschmerzen, ja sogar Migräne können folgen, wenn wir unsere Füße z.B. durch ungeeignetes Schuhwerk plagen.

Die feine Ölküche

Mit Öl zaubern

»Die tägliche Nahrung sollte nahrhaft, ölig und appetitanregend sein«, empfiehlt die altindische Gesundheitslehre Ayurveda. Einige Spritzer, ein Teelöffel des richtigen Öls genügen schon, um aus einfachen Blattsalaten, Gemüsen, Suppen, Fleischgerichten und Desserts wahre Spezialitäten zu machen. Man darf ruhig mit der Menge des verwendeten Öls knauserig umgehen, denn Öl ist nicht nur Aromaträger, der den Geschmack von Fleisch, Gemüse, Kräutern und Gewürzen erst zum Leben erweckt, sondern auch ein kalorienreiches Lebensmittel. Sparen sollte man jedoch nicht an der Ölqualität. Je besser die Qualität eines Öls ist, umso geschmacksintensiver und ergiebiger ist es. Statt einer großen 0,75-Liter-Flasche kauft man auch besser drei Viertelliterflaschen verschiedener Sorten. So hat man für jedes Gericht das Öl zur Hand, das den spezifischen Eigengeschmack einer Speise hervorhebt.

Tipps und Tricks

▶ Zucchinis und andere Gemüse sowie Fleisch werden mürber und schmackhafter, wenn man sie vor der Zubereitung in eine Kräuter-Öl-Marinade einlegt. Besonders dafür geeignet sind Erdnuss-, Sesam- und Olivenöl.

▶ Einlegezeit: für Fleisch einige Stunden, für Gemüse weniger.

▶ Eine Marinade aus Erdnussöl eignet sich gut zum Einlegen von Fleisch für alle asiatischen Gerichte. Man kann das aromatisierte Öl auch an den Salat geben, sollte dann aber sparsam damit umgehen. 1/4 Liter Erdnussöl mit 6 bis 8 geschälten, halbierten Knoblauchzehen und 5 Lorbeerblättern in eine dunkle Flasche füllen und gut verschließen. Etwa 2 Wochen lang ziehen lassen, und die Marinade ist gebrauchsfertig.

Vorsicht vor überhitztem Fett und beim Grillen: Durch das Verdampfen von Fetten werden so viele Kanzerogene frei wie bei 600 gerauchten Zigaretten, fand Professor J. Clausen von der dänischen Roskilde University heraus.

▶ Das Öl immer in die heiße Pfanne gießen und nie so stark erhitzen, dass es raucht. Während des Bratens kein kaltes Öl mehr nachgießen. Wann immer es geht, mit geschlossenem Deckel dünsten und braten, um ranzig machende Oxidationsprozesse zu verhindern, zu denen Sauerstoff nötig ist.

Raffinierte Vorspeisen

Bruschetta mit Olivenöl

Für den kleinen Hunger zwischendurch oder als Vorspeise sind die belegten Brote aus dem italienischen Raum vorzüglich geeignet.
Zutaten: 1 Stangenweißbrot • 1/2 Knoblauchzehe • Olivenöl frische aromatische Tomaten • frisches Basilikum
Zubereitung: Das Stangenweißbrot aufschneiden und die Scheiben rösten. Mit der Schnittfläche der Knoblauchzehe abreiben. Etwas Olivenöl darauf träufeln, mit frischen gewürfelten Tomaten und frisch gehacktem Basilikum bestreuen.

Tomatensalat extra

Der Tomatenteller mit Mozzarella und Basilikum ist entweder gesunde Vorspeise oder eine kleine Hauptmahlzeit.
Zutaten: 2–3 Tomaten • 1 weiße Zwiebel • je 1/2 rote und grüne Paprikaschote • 1/2 Tasse Gemüsebrühe • 1–2 EL Balsamicoessig 2–3 EL Weizenkeimöl (in Italien verwendet man Olivenöl) • Salz, Pfeffer aus der Mühle • 100 g Mozzarella • 2 EL Basilikumblätter
Zubereitung: Die Tomaten in Scheiben schneiden, zuvor den Strunk entfernen. Die Zwiebel in feine Streifen schneiden und die Paprikaschoten würfeln. Die Tomaten auf einen großen Teller legen, das restliche Gemüse darauf anrichten. Ein Salatdressing aus Brühe, Essig, Öl, Salz und Pfeffer anrühren und die Rohkost damit beträufeln. Den Mozzarella in dünne Scheiben schneiden und auf dem Gemüse verteilen. Zum Schluss in Streifen geschnittene Basilikumblätter darüber streuen.

Nur jeweils ein Tropfen Basilikumöl und ein Tropfen Zitronenöl auf 100 Milliliter Wasser ergeben ein hervorragendes Mundwasser bei schlechtem Atem. Für unterwegs kann es in eine kleine braune Arzneiflasche mit Pipette abgefüllt werden.

Freche Salate, Rohkost und Gemüse

Feldsalat mit Blauschimmelkäse

Feldsalat lässt sich gut mit Blauschimmelkäse (z. B. französischem Roquefort oder italienischem Gorgonzola) und Walnusskernen aromatisieren. Er ist dann weniger als schmückende Beilage, sondern mit frischem Baguette als Haupt- oder Zwischenmahlzeit gedacht.

Zutaten: 500 g Feldsalat • 100 g Walnusskerne • 150 g Blauschimmelkäse • 4 EL Walnussöl • 3 EL Weinessig • Salz, Pfeffer aus der Mühle • Ahornsirup

Zubereitung: Den Feldsalat putzen, waschen, abtropfen lassen und in einer flachen Schüssel anrichten. Die Walnusskerne grob hacken, etwa 7 Stück ganz lassen. Den Käse grob zerteilen. Den Salat mit den gehackten Nüssen und dem Käse bestreuen. Die übrigen Zutaten zu einem Salatdressing verrühren und über den Salat träufeln. Zum Schluss den Salat mit ganzen Walnüssen garnieren.

Erbsen-Möhren-Gemüse mit Sesam

Die übliche Erbsen-Möhren-Mischung wird durch geröstete Sesamsamen eine gesunde Beilage zu allen Fleischgerichten.

Zutaten: 400 g Zuckererbsen • 2 Möhren, in Stifte geschnitten • Salz 1 TL frisch geriebene Orangenschale • 1 TL Sesamöl • 2 TL geröstete Sesamsamen

Zubereitung: Tiefkühlerbsen oder frische Zuckererbsen einige Minuten in wenig Salzwasser (oder Gemüsebrühe) dünsten und durch ein Sieb abgießen. In einer Schüssel die übrigen Zutaten verrühren und mit dem noch warmen Gemüse vermengen.

Apfel-Möhren-Rohkost

Zutaten: 1 Apfel • 2–3 Möhren • 1 frische Zitrone • 2 frische Ananasscheiben • 1–2 EL Weizenkeimöl • 1 Becher Joghurt oder Kefir (200 g) 1–2 EL Honig • 1–2 EL gehackte Nüsse • frische Kresse

Das Ernten der Sesamsamen ist eine mühsame Angelegenheit, weil die Blüten zu unterschiedlichen Zeiten reifen und die geernteten Büsche noch für 1 bis 20 Tage zum Nachreifen aufgestellt werden müssen. Die Samen sind außerordentlich leicht, 1000 Stück wiegen kaum mehr als drei Gramm.

Zubereitung: Die Äpfel und die Möhren raspeln, mit dem Zitronensaft beträufeln, die Ananasscheiben würfeln; alles mit dem Weizenkeimöl mischen und auf einer Platte anrichten. Den Joghurt oder Kefir mit dem Honig verrühren, über der Rohkost verteilen, mit gehackten Nüssen und Kresse bestreuen und sofort servieren.

Süßsauer eingelegtes Gemüse

Das eingelegte Gemüse ist ein idealer »Zupick« zu Fleisch, zur Brotzeit oder zum kalten Abendessen.
Zutaten: Verschiedene Gemüse (für vier Gläser etwa 1000 g), z. B. rote und grüne Paprikaschoten, Zucchinis, Auberginen, Champignons, weiße Zwiebeln
Für die Marinade: 1/2 l Weinessig • 1/4 l trockener Weißwein
1 Tasse Olivenöl • etwa 200 g Zucker • 2–3 halbierte Knoblauchzehen
einige Zweige getrockneter Thymian (oder andere italienische Kräuter) • 1 TL Salz
Zubereitung: Das Gemüse putzen, waschen, abtropfen lassen, in Würfel bzw. Scheiben schneiden. Die übrigen Zutaten zu einer Marinade verrühren und in einem weiten Topf aufkochen. Die einzelnen Gemüse Sorte für Sorte nacheinander in der Marinade einige Minuten lang kochen, so dass sie noch Biss haben, dann mit dem Schaumlöffel herausnehmen und auf 4 vorbereitete Schraubgläser verteilen. Zum Schluss den Sud nochmals aufkochen und heiß in die Gläser füllen. Die Gläser verschrauben (oder mit Einmachzellophan verschließen) und, wenn sie abgekühlt sind, im Kühlschrank aufbewahren. Sie halten sich etwa 4 bis 6 Wochen.

Vergessen Sie die gekauften, im Glas eingelegten Gemüse und Pickles, und bereiten Sie sie lieber selbst zu. Gerade in haltbaren Lebensmitteln finden sich oft eine Menge schädlicher Konservierungsstoffe.

Erbsen-Reis-Salat

Der Salat muss eine Weile ziehen und sollte deshalb rechtzeitig vorbereitet werden. Er ist sättigend und ideal für kalte Buffetts.
Zutaten: 200 g Reis • 1 Bund Radieschen • 2 weiße Zwiebeln • 250 g Tiefkühlerbsen oder frische Zuckererbsen • 1 Dose Maiskörner • 4 EL Apfelessig • 4 EL Maiskeimöl • Ahornsirup • Salz, Pfeffer aus der Mühle

Zubereitung: Den Reis nach Anleitung im Salzwasser garen. Radieschen und Zwiebeln fein würfeln, die Erbsen etwa 8 Minuten in Salzwasser garen, abgießen. Den Reis mit dem Gemüse vermischen. Ein Salatdressing aus Essig, Öl, Salz, frisch gemahlenem Pfeffer und Ahornsirup anrühren und mit dem Salat vermischen. Vor dem Servieren 1 Stunde ziehen lassen.

Pinien sind eine Unterart der Kieferngewächse. In der Antike wurden im griechischen und römischen Raum aus einigen Kiefernarten gewonnene Harze u. a. auch zur Konservierung des Weines (Retsina) verwendet.

Köstliche Saucen und flotte Dressings

Pesto aus Olivenöl

Das »Pesto« ist eine Spezialität aus Genua. Der Name leitet sich vom italienischen »pestare« für zerdrücken ab. Die würzige Sauce wird von Hand im Mörser oder mit dem elektrischen Zerkleinerer zubereitet, wobei der wichtigste Bestandteil duftendes Basilikum ist. Je feiner die Zutaten zerstoßen werden, desto besser ist der Geschmack. Pesto ist ideal zu Nudeln jeglicher Art. Ein Löffel davon rundet aber auch eine Minestrone würdig ab. Auch als würzigen Aufstrich für Weißbrot können Sie Pesto probieren. Man kann das Pesto portionsweise einfrieren und hat es dann stets zur Hand.

Zutaten: 2 EL Pinienkerne • 2–3 Knoblauchzehen • 1 Topf Basilikum Salz, Pfeffer • 6 EL Olivenöl • 6 EL frisch geriebener Pecorino (Schafsmilchkäse) • 500 g Trenette oder andere Nudeln • Butter und geriebener Parmesan nach Belieben

Zubereitung: Pinienkerne fein hacken, Knoblauchzehen durch die Presse drücken, Basilikumblättchen abbrausen, abtropfen lassen und grob hacken. Das Basilikum mit etwas Salz im Mörser oder mit dem elektrischen Zerkleinerer zerreiben. (Durch die Salzzugabe bleibt das Basilikum grün.) Knoblauch, Pinienkerne und frisch gemahlenen Pfeffer dazugeben und alles zu einem feinen Brei verarbeiten. Dabei teelöffelweise das Olivenöl und den geriebenen Käse dazugeben. Nochmals abschmecken. Die Nudeln »al dente« kochen und 1 Tasse Kochwasser auffangen. Mit 3 bis 4 Esslöffeln davon wird das Pesto verdünnt, ehe man es in einer Schüssel mit den abgetropften Nudeln vermischt. Nach Belieben mit Butter und Parmesan verfeinern.

Einmal hergestelltes Pesto hält sich durchaus zwei bis drei Wochen im dunklen Kühlschrank. Auch zum Verfeinern von Saucen und zu anderen Gerichten ist es bestens geeignet.

Walnusspesto

Zutaten: 1 Knoblauchzehe • 1 kleine Zwiebel • 50 g Walnüsse • 1 Bund Petersilie • 1 Bund Basilikum • 2 EL Walnussöl • 4 EL Gemüsebrühe 2–3 EL Sahne • Salz • 500 g Spaghetti (Vollkorn) oder andere Nudeln
Zubereitung: Knoblauchzehe durchpressen, Zwiebel würfeln, Walnüsse grob hacken. Kräuter abbrausen, abschütteln, die Basilikumblätter grob hacken. Alles im Mörser (oder mit dem elektrischen Zerkleinerer) zerreiben. Walnussöl erhitzen, Gemüsebrühe dazugeben, aufkochen lassen, mit Sahne andicken und mit dem Walnussbrei vermischen. Mit Salz abschmecken. Die gekochten Vollkornspaghetti in eine Schüssel füllen, mit dem Pesto verrühren. Als Beilage passt ein gemischter Salat.

Joghurtsauce zu Rohkost

Diese Salatsauce passt ausgezeichnet zu allen Rohkostsalaten. Zur Abrundung kann man gehackte Haselnüsse darüber streuen.
Zutaten: 1 Becher Magermilchjoghurt • 2 EL Haselnussöl • einige Spritzer Zitronensaft • 1 fein gehackte Zwiebel • frische, fein gewiegte Kräuter • Salz, Pfeffer aus der Mühle • Ahornsirup

Auch bei den Bach-Blüten-essenzen gibt es die Wirkstoffe der Walnuss (walnut). Empfohlen wird walnut für Menschen, die sich von anderen leicht von etwas abbringen lassen. Das Heilmittel verhilft zu Beständigkeit und Unabhängigkeit von äußeren Einflüssen.

Nussiges Kürbiskernöldressing für grüne Salate

Passt ideal zu Bohnen-, Gurken-, Tomaten- und allen grünen Salaten.
Zutaten: 1–2 EL Kürbiskernöl • 1 EL Apfelessig • Salz, Pfeffer aus
der Mühle • Ahornsirup • fein geschnittene Zwiebel oder Knoblauch
Zubereitung: Alle Zutaten zu einer Sauce verrühren.

Fischsauce mit Distelöl

Zutaten: 1 hart gekochtes, gehacktes Ei • 1 EL Senf • 1 EL Honig
4 EL Distelöl • 2 EL Weinessig • 1 Bund frisch gehackter Dill • Salz,
Pfeffer aus der Mühle
Zubereitung: Alle Zutaten zu einer cremigen Sauce verrühren. Man
würzt damit alle Fischsalate, Gurken oder grüne Blattsalate.

Die heilende Wirkung des Leinöls unterstützt der in Quark enthaltene Eiweißkörper Zystein. Den positiven Effekt einer solchen Leinöl-Quark-Mahlzeit oder -diät unterstützen Fruchtsäuren wie Zitronen- oder Apfelsäure.

Preiswerte Alltagsgerichte

Kräuterquark mit Leinöl und Pellkartoffeln

Quark mit Leinöl und Pellkartoffeln ist ein gängiges Alltagsgericht, das
aus Schlesien stammt. Vor allem in und um Berlin wird es heute noch
gerne gegessen. Es eignet sich besonders für Entschlackungstage. An
fester Nahrung nehmen Sie dann nur Quark mit Kartoffeln zu sich.
Wichtig ist, dass man bei dieser Kur viel trinkt: Zu empfehlen sind
kalorienarme Säfte, Mineralwasser und Kräutertees.
Zutaten: 750 g Kartoffeln • 1 TL Kümmel • 500 g Magerquark
4–5 EL Milch • 2–4 EL gehackte Kräuter (z.B. Schnittlauch, Petersilie,
Dill, Basilikum, Liebstöckel) • Salz, Pfeffer aus der Mühle • 2 EL Leinöl
Zubereitung: Die Kartoffeln gut waschen, mit Wasser bedecken und
mit dem Kümmel etwa 25 Minuten lang kochen. In der Zwischenzeit
den Quark mit der Milch glatt rühren. Die Kräuter waschen, mit Küchenpapier trockentupfen und klein hacken. Anschließend in den
Quark geben und das Ganze mit Salz und Pfeffer abschmecken. Den
Quark auf Teller verteilen und mit dem Leinöl beträufeln.

Gemüsepuffer

Zu den Gemüsepuffern serviert man Kräuterquark (aus Quark, Joghurt, Kräutersalz und frisch gehackten Kräutern), frische Saisonsalate, Geschnetzeltes oder Kurzgebratenes.

Zutaten: 1 Stange Lauch • 3 Möhren • 1 Zwiebel • 1 rote Paprikaschote 1 Sellerieknolle oder andere Gemüse • 3 EL Distelöl • Salz, Pfeffer aus der Mühle • 200 g Vollkornmehl • 1 Ei • 200 ml Wasser oder Mineralwasser • 1 Bund fein gehackte Petersilie

Zubereitung: Das Gemüse putzen, in Stifte schneiden. 1 Esslöffel Distelöl in einer Pfanne erhitzen und das Gemüse wenige Minuten darin dünsten. Mit Salz und Pfeffer würzen. Aus Mehl, Ei, Wasser und der fein gehackten Petersilie einen Teig anrühren und das Gemüse unterheben. Das restliche Öl in einer Pfanne erhitzen, jeweils einen kleinen Schöpfer Gemüseteig hineingeben und von beiden Seiten braten.

Selbst gemachte Aromaöle

Aromaöle kann man leicht selbst herstellen. Sie sind eine raffinierte Würze für Reisgerichte, Salatsaucen, Fleisch, Nudeln oder Pizza.

Zutaten: Olivenöl oder ein neutrales Öl wie Sonnenblumen-, Soja-, Maiskeim-, Weizenkeim- oder Distelöl • getrocknete Kräuter oder Gewürze wie Rosmarin, Thymian, Basilikum, Oregano, Minze, halbierte Knoblauchzehen, Chilischoten oder getrocknete Steinpilze

Zubereitung: Die Aromaträger (Kräuter, Gewürze, Pilze etc.) in eine Flasche geben, so viel Öl darüber gießen, dass sie vollständig bedeckt sind, und in der verschlossenen Flasche 2 bis 3 Wochen bei Zimmertemperatur ziehen lassen. Dann abseihen.

▶ Für 750 Milliliter Kräuteröl benötigen Sie 6 trockene Kräuterzweige. Sie können nur ein Kraut wählen, oder eine Kräutermischung komponieren.

▶ Für Knoblauchöl nimmt man 10 bis 12 halbierte Knoblauchzehen, für Chiliöl 10 bis 12 rote Chilischoten, für Steinpilzöl etwa 75 Gramm getrocknete Steinpilze. In einer hübschen Flasche verpackt, eignen sie sich vorzüglich als Geschenk.

Auch als Duftöl leistet das mediterrane Küchengewürz Rosmarin wertvolle Dienste. Ein Bad mit belebender Rosmarinessenz weckt z. B. die Lebensgeister bei einem so genannten Jetlag nach langen Überseeflügen.

Sechs wichtige Regeln für den Umgang mit Ölen

1 Manche Öle wie steirisches Kürbiskernöl oder Leinöl können sehr empfindlich reagieren, und nach Anbruch der Flasche binnen Wochen verderben. Kaufen Sie deshalb immer nur kleinere Mengen, und achten Sie auf das Haltbarkeitsdatum.

2 Manche Öle sind eigenwillig im Geschmack und harmonieren nur mit bestimmten Speisen. Ein Grund mehr, es bei unbekannten Ölen erst einmal mit einer kleineren Flasche zu versuchen.

3 Öle immer kühl, dunkel (braune Glasflasche) und vor allem luftdicht verschlossen aufbewahren. Denn durch Licht und warme Lagerung wird der Vitamin-E-Abbau gefördert. Kühlschranklagerung ist möglich, aber nicht erforderlich. Manche Öle wie Olivenöl und Erdnussöl flocken bei so niedrigen Temperaturen aus. Stellt man sie anschließend warm, werden sie allerdings rasch wieder einwandfrei.

4 Zu hohe Temperaturen schaden allen Ölen, vor allem aber kaltgepressten. Bei den nativen Ölen gehen durch Erhitzen Vitamine und andere Inhaltsstoffe verloren. Erlesene Speiseöle am besten überhaupt nicht erhitzen, sondern an kalten Speisen genießen, oder erst nach dem Kochen zugeben. Gute Öle mit einem hohen Anteil an mehrfach ungesättigten Fettsäuren keinesfalls mehrmals hintereinander zum Braten verwenden.

Auch für raffinierte Öle ist es besser, beim Kochen, Backen oder Braten wenigstens nicht über 180 °C erhitzt zu werden. Ebenfalls von Bedeutung ist die Dauer. Je länger ein Öl erhitzt wird, desto schlechter wird es.

Das Öl immer in die heiße Pfanne gießen. Während des Bratens kein kaltes Öl mehr nachgießen. Wann immer es geht, mit geschlossenem Deckel dünsten und braten, um eine ranzig machende Oxidationswirkung durch Sauerstoff zu verhindern.

5 Achten Sie auf Rauchzeichen! Wenn ein Öl beim Braten oder Frittieren zu rauchen beginnt, bilden sich giftige Substanzen, Transfettsäuren u. a., und das Öl sollte nicht mehr verwendet werden.

6 Öle und Fette gehören eigentlich in den Sondermüll. Wenn Sie es perfekt machen wollen, sammeln Sie Ölreste und altes Frittierfett in einem verschließbaren Behälter, den Sie, wenn er voll ist, an einer Sondermüllsammelstelle (oder eventuell Tankstelle) abgeben. Dort wird der Spezialabfall dann fachmännisch für Sie entsorgt.

Ölreste gehören keinesfalls in den Ausguss oder in die Toilette, da mit Öl versetztes Wasser nur mit großem Aufwand und sehr kostspielig zu klären ist. Kleinere Ölmengen kann man (als zweitbeste Lösung) in den Restmüll geben.

Über die Autoren

Margot Hellmiß beschäftigt sich seit vielen Jahren mit Naturkosmetik, Naturheilmethoden, alternativen Therapieverfahren, gesunder Ernährung und Diät. Sie ist Autorin erfolgreicher Ratgeber im Gesundheitsbereich.

Falk Scheithauer arbeitet heute nach einem interdisziplinären Studium als freischaffender Autor und Journalist in den Bereichen Mensch, Natur und Gesundheit.

Literatur

Hellmiß, Margot: Natürlich heilen mit Apfelessig. Südwest Verlag. 16. Auflage, München 1998

Hellmiß, Margot: Natürlich behandeln mit Kürbiskernöl. Südwest Verlag. München 1998

Ulmer, Günter A.: Heilende Öle. Günter A. Ulmer Verlag. Tuningen 1996

Weiß, Rudolf F.: Moderne Pflanzenheilkunde. Sanitas-Verlag. Bad Wörishofen 1973

Danksagung

Wir danken den Firmen Rapunzel Naturkost und Fauser Vitaquell für die freundliche Unterstützung

Hinweis

Bildnachweis

AKG, Berlin: 76; Bilderberg, Hamburg: 6 (Milan Horacek), 13 (C. Boisvieux; Image Bank, München: 1 (Paolo Curto), 30 (Luis Castaneda), 43 (Garry Gay); Kargl Christian, München: 14, 34, 62, 85, 86, 91; Südwest Verlag, München: Titel (Michael Nagy), 25 (Joachim Heller); Tony Stone, München: 8 (William J. Hebert), 56 (Renee Lynn), 78 (Howard Grey)

Impressum

© 1998 Südwest Verlag GmbH in der Verlagshaus Goethestraße GmbH & Co. KG, München

Lektorat:
Andreas Belwe
Projektleitung:
Susanne Garte
Redaktionsleitung und medizinische Fachberatung:
Dr. med. Christiane Lentz
Bildredaktion:
Ute Schoenenburg
Produktion:
Manfred Metzger
Umschlag:
Till Eiden
Layout:
Wolfgang Lehner
DTP/Satz:
Reiner Löb
Druck:
Color-Offset, München
Bindung:
R. Oldenbourg, München

Printed in Germany

Gedruckt auf chlor- und säurearmem Papier

ISBN 3-517-07610-4

Register